釋迦佛陀本紀

冨永半次郎

目次

凡例

一、本書は著者ノートと初版『釋迦佛陀本紀』（昭和二五年一一月刊）を底本としました。
二、訂正は著者ノートを参考に初版における誤字・脱字・印刷ミス等最小限としました。
三、詳細な語註、資料は別冊とします。
四、カタカナのヷ、ヸ、ヹ、ヺ、はそれぞれヴァ、ヴィ、ヴェ、ジに改めました。
五、初版のアンダーライン、傍点部分は、太字に変えました。
六、初版では、全章追い込みページとなっていましたが、章毎に改ページとしました。
七、初版にないルビを難読語に付けました。また、六八～六九頁に著者による追記を新たに挿入しました。
八、読者の便宜に供するため、初版にない目次を付しました。

はしがき

釋迦佛陀本紀と名は嚴《いかめ》しいが、文章の體裁は傳記《でんき》といふよりは傳奇《でんぎ》と稱するに近いものになつてしまつたのですが、これは專ら其の參考資料としたパーリ涅槃經が傳記的資料に乏しいばかりでなく、釋尊の正覺體驗を失脚した結果歪曲曲解に滿ちてゐる、それを一々考證し論證する史、資料を缺乏してゐる所から止むを得ない自然の結果であります。從つて其の文體から見れば傳奇的な一種の文學作品のやうなものではありますが、其の內容は最も嚴正な釋迦佛陀の傳記であつて、敢へて此れを釋迦佛陀本紀と稱して憚《はばか》らない所以であります。

そこで本書は昭和二十一年來書き續けて、なかばで筆を投じて中絕してゐた、あの、初めに『正覺に就いて』と呼び、後に『ヴァヤダンマー・サンカーラー』と改めたものゝ、書き繼ぎとして引き繼いで、これで當初の豫定した佛傳を終ることにします。

回顧すれば其の間四年程の星霜《せいそう》を經過しました。　四年と云つても其の中で實際に筆を執つてゐるのは前の約一ヶ年と今度の一ヶ月だけであります。其の中間の二年有余は全く筆を執らなかつた、といふよりは書かうと思つても書けなかつた。初め想ひ立つた時はガヤー正覺と末語の vaya-dhammā《ヴァヤダンマー》 saṃkhārā《サンカーラー》 との相異を明らかにして、從來皆無であつた眞正の釋尊の傳記を書くつもりであり、又書ける積りで初めたのであつたのでありましたが、ガヤー成道《じようどう》と初轉法輪は書けても、重點である末語の vaya-dhammā saṃkhārā に續いて進轉することが出來ないといふことに気付いて、遂に筆を投げたわけでした。　其の翌二十三年二月末に豫々《かねがね》待望してゐたパーリ涅槃經の全文を始めて見ることが出來て、其の折に āyu-saṃkhāro《アーユ・サンカーロー》 ossaṭṭho《オーサットー》 の眞意が何の考慮も無く不意に讀めたのです。今になつて見ればそれもそれまでの vaya-dhammā saṃkhārā 實脩の實證としての sato《サトー》 sampajāno《サンパジャーノー》 であつたわけです、が其の時はまだそれとは気付くわけのものではなかつたのでありますけれども、これで書き繼ぐことが出來ると想つたが矢張り書けなかつたのです。　其の内六月頃になつて涅槃經の傳へる紀行の時季と期間を調べてゐる内に筋を辿つて其の文脈について項目だけは起案出來た処、季節に關する興味からつい俳句を書き入れたのです。これなら書き繼げるだらうと想つたが、なほ矢張り書けないので其のまゝ過ぎてゐるうちに、たうたう今日此の頃になつてしまつたのです。

丁度其の頃東京では、千谷《ちだに》、諏訪、大野、風間の諸君、後から安川君が加つてパーリ涅槃經を輪講しながら史資料的採擇を初めたといふことを聞いて、大いに期待を懸けてゐた内に、急に二十四年九月十日に小舟《おぶね》から浦和の杉本君宅に移ることになつたので、輪講の場所も自然此処になつて自分も初めは傍聽の形で參加してゐたのが訊かれるまゝに口入れするやうになる、同時に他の傍聽者もだんだん增して十數人に及ぶ時が多くなつた。さうかうする內翌今年二月末に其の功も終つて、續いて法華經をやることになつたとき、これが終るまで待つのは先きの永いことになるから、兎も角も涅槃經の採擇した部分だけの原文と其の和譯とを纏めて印刷して欲しいといふ希望が出た。尤なことであるので法華の方を一時中止して涅槃經の採擇の部分を猶檢討しながら和譯に懸つて、第一章を終つて見て气付いたことは、此の調子で行つて此のやうなものを讀んだだけで、常日頃此処で話してゐる眞の佛傳が誰れにも讀み取れるであらうかといふ疑問である。なる程精々、史的價値のある章句を採擇した結果は思想的内容のものは殆削除されることになるので甚だ平凡な紀行となつてしまふ。併、かうやつて見ると此れが本來の傳承であつたと想はれて來る、といふのは當時隨行の比丘等には表面的には假令《たとい》多少の變容は認られたとしても、チャーパーラに於ける根本的變革は知る由もなかつたからである。其処で涅槃經の編纂者等は其の平凡な紀行をそれまでの傳統の教法を以て點綴《てんてい》し、補充した。從つて史的批判からそれ等は全部削除される結果となるわけで、それを補註したり、述作したりしなければならないことになつた。

其処で其の中に傳統解釋の意のまゝならば當然削除されてしまふのであつたもので、其の辭句の眞意が讀み訂されたため、釋尊の眞の徹底正覺の文獻を得るに至つたのです。さりとて此れを註釋し證明する三藏資料もないわけです。大乘般若思想家にしてもそれ等を皆傳統釋義のまゝに受け取つたればこそ、それを小乘として蔑視し廢棄した程である。かういふ事情の下に生じた缺陷《けつかん》を修正補充する必要が起るのは當然でありますが、何等他に史的資料のこれを證するものが無いために其の内容は眞の釋迦佛陀傳記であつて、文章のすがたからは傳奇的にならざるを得なかつた所以であつたのです。それにしても本紀の内容の性質から奥書を追加しなければならない。それがため又その事についての豫め前置が要ることになつて又々前書を附けて三月十四日から始めて今四月十四日に書き終へた次第です。

以上のやうなわけで二年越し書けなかつたものが二三子の努力のお蔭と要望とで圖らずも纏まつた、而かも案外な結果であるに會心のゑみを以て此のはしがきも書けることになりました。が全く潤色を缺いてゐる、草創に急であつたためもありますが、本より菲才の故致し方ありません。

前書

初め禪宗にたづさはることおよそ十年、次いで日蓮宗にかゝづらふこと十有余年、其の間天台、眞言、念佛にたよりを求めて心を得ず、遂に什譯法華經の疑ひを解かんとして原本法華經を閱むに當つて涌出品《ゆじゅつぽん》中の ṛddhy-abhisaṃskāra の辭句に思ひよることあり、爾後 saṃskāra《サンカーラ》 に關する直下《じきげ》の佛言をパーリ涅槃經の末語に省ることを得た。時は昭和十二年の初夏の或る宵である。日頃依賴して置いたパーリ涅槃經の代りにもとてコペンハーゲンの大學教授 Andersen 編纂のパーリ語讀本を千谷君が持つて來て呉れた、其の中に涅槃經第六章の佛涅槃の時の第五節から第十節まで抄いてある其の第七節を讀むだ時である。何もかもなく心を引き付けるものを感じて appamādena《アッパマーデーナ》 sampādethâti《サンパーデーターチ》 と言はれてある通り vaya-dhammā saṃkhārā と唯自分の好みに放《まか》せず決定《けつじょう》專念してみようと心が決つたのである。

爾來十三年、今日二三子の要望から此の本紀を書くことになつたについて气付いたことは、其の間の曲折を其の委曲を盡すまでのことはなくとも、其の中の二三の重要な點を豫め言つて置かないと、パーリ原本の叙述してゐる意義や又其の原文の二千余年來の傳統の訓讀解釋の意義と此の本紀の述べる意義とが余りに懸隔《けんかく》してゐるばかりでなく、遂に懸絶《けんぜつ》して其の所を換へるに至つてゐる故に、其の本づく所以を心得てゐないと或は逡巡したり、恐らくは疑惑の中に徒らに彷徨する結果とならないとも限らないといふことである。

今、上に「本づく所以」と言つたが、此の本紀の述作の本づく所は vaya-dhammā saṃkhārā なる佛言である。それも此の辭句の普通に考へられる所謂無常觀的解釋、理論に本づくといふことではない。原文第三章、第三十七節のチャーパーラ・チャイチャに於ける sato saṃpajāno（マヽ、後に satena saṃpajānena に訂正）āyu-saṃkhāro ossaṭṭho なる釋尊の體驗の極つた vaya-dhammā saṃkhārā に本づく第三章第五十一節のマハーヴァナに於ける vaya-dhammā saṃkhārā, appamādena sampādetha の宣章に本づいて、次いで第六章第七節の vaya-dhammā saṃkhārā, appamādena sampādethâti. の末語に唯然實脩《ゆいねんじつしゆう》した結果だけの實證たる sato sampajāno なのである。尤も釋尊體驗の vaya-dhammā saṃkhārā に比する時は猶𢼸《び》力《りょく》たるを免れぬとは云へ、其の體驗本質に約する邊に於いては其の機能を異にするものではない。從つて此の當本紀はかゝる意味での sato sampajāno なのであり、釋尊死後二千四百余年の今始めて其の體驗の宣揚たる所以であるから、涅槃思想に歪曲し曲解した傳承編述の現存涅槃經と懸絶することは當然のことである。眞の釋尊體驗の宣揚は vaya-dhammā saṃkhārā の體驗なき者、或は其の實脩體驗なき者の克くし能ふ所以のものではない。其の故は如何なる學匠と雖 āyu-saṃkhāro ossaṭṭho なき限り不可能であることが明白であるからである。āyu-saṃkhāro ossaṭṭho なきものには謂ふ所の sato sampajāno は有り得ないからである。

今 āyu-saṃkhāro ossaṭṭho と云ひ、sato sampajāno と云つたが、此の二つの辭句は vaya-dhammā saṃkhārā と等しく重要なもので最も注意を要することを促して置くに止めて、餘は本紀本文の叙述に俟つことにする。

併ながら此の本紀本文の叙述の本づく所以の vaya-dhammā saṃkhārā に至つてはこれを完全に解説し、飜譯し得る言語辭句は何れの古典古今の書にも無い程のものである。其の故は人類は未だ此の體驗を經驗してゐないことが分つたからである。從つて本紀の本文中に於いても此の體驗辭句の飜譯は勿論、解説にも亙つてゐないから、そのことに不審を懷かぬやうに前以て注意して置く。それでは余りに甲斐なきやうに思ふ人も無くは無からうから唯これだけは言つて置ける。vaya-dhammā saṃkhārā とは āyu-saṃkhāro ossaṭṭho の vaya-saṃkhārā であると。從つて vaya-dhammā の vaya なる語意は二千四百年傳統の vyaya の解釋義「消滅する」といふやうな意味ではなく、今もパーリ經典に「年齡」の意で用ひられてゐる vaya の語原である梵語の vayas の釋尊獨特の五蘊《ごうん》との開合の意の用語であるといふことを附け加へて置く。

dhammā の此の辭句の用語の意に至つては從來の人類の有つ用語を以てするとき已に其の意を失脚する、と注意するより以外に説明は無い。其の上は各自の眞の無解《むげ》の實脩體驗味得に俟つ。

終りに臨んで此の佛陀本紀を閲讀し講脩する便りのために、現にパーリ涅槃經に依拠しながら、其の叙述の筋道が全く異るに至つた大筋だけでも通して置くことにします。それには從來の傳統の釋義を借り、序分、正宗分、流通分《るずうぶん》の三部に分けるのが便宜です。先づチャーパーラの正覺徹底成熟 āyu-saṃkhāro ossaṭṭho の體驗とマハーヴァナに於ける其の體驗 vaya-dhammā saṃkhārā の宣章とを、これだけを正宗分とし、其の前後を前は序分、後は流通分とするのです。而かも序分は鷂峯《ようぼう》から一應は始つてゐるわけでありますが、再應は遠く四十余年を遡つてガヤー樹下正覺に聯關し包括してゐることになります。此の點ではパーリ涅槃經が樹下成道を涅槃とし、最後のクシナーラーの入滅を以て完全涅槃であるとする一貫した涅槃正覺者釋尊の晩年一年間の紀行の遠くガヤー成道に始ることゝでは、相似ながら最後のクシナーラーに重點を置くやうになつてゐるのとは全く異つて來る。此の意味ではクシナーラー涅槃が嚴密な意味で正宗分とならざるを得なくなつて、從つて流通分が無く、又ガヤー成道以來クシナーラー涅槃前までを序分としなければならなくなつて來たり、或は又、ガヤー成道を正宗分とすれば、其の以前の出家六年苦行が序分となつて、ガヤー以後全部を流通分とするかといふ考へ方もある、がさうするとクシナーラー涅槃の重點が消えることになる。此のクシナーラー涅槃に重點を置く考へは現涅槃經が成立する頃に發展した有餘涅槃《うよねはん》、無餘涅槃《むよねはん》の趣向でもあるやうに想はれるが、其処に兎に角ガヤー成道と釋尊晩年臨滅に際して何か異るものが考へられもし、又さう考へなくてはならぬ事情に促されたのであらうと想はせられて來るものがある點には興味がある。實は此の重點がチャーパーラの正覺徹底成熟の體驗の人類空前にして今も絶後の重大事であつたのである。

　此の一大事を失脚すれば現涅槃經のやうなものが傳承されることは當然の結果であり、否此のチャーパーラ體驗無き者、或は其の實脩實證無き者には必至の結果であつて、其れは獨り涅槃經のみではなく、爾後の佛教傳統も亦必至の結果たらざるを得ない程の人類に取つて唯一の重大事であつたのである。

　以上のやうな理由で現存パーリ原典の述べる所、又其の二千余年來の傳統の解釋とは當本紀の述作は懸絶してゐる。其処で現存原文にはどういふ風に叙述されてゐるか比較し得るために、本紀本文に相等する原典の部分を採擇して出來るだけ原文の通りに、或は傳統解釋の訓譯の意を傳へ存しながら、更めて和譯したものを參考として挿入して置きましたから、本文と原文とその譯とを比較批判の上發明する所あらむことを期待するものであります。

要するに本紀は、人間はどうあればいゝか、といふことを實證したまでゞ終らざるを得なかった次第であつたのです。そこでもう一段進んで求められることは、さうあるにはどうすればいゝか、といふことです。これが吾々に取つては最も重要なことであります。此の實脩の方法が此の釋尊體驗の vaya-dhammā saṃkhārā に含藏されてゐる所から道諦《どうたい》が成立して來ることについては、此の本紀が終つて其の奥書として追加しましたから等閑に見過さぬやうに注意を促して置きます。なほざりに讀過すると自己暗證に甘んじ陷るか、此の大法をおろそかにして、果ては廢するに至るよりないからであります。

はげたか山（鶚　峯）

釋尊も今年八十である。此のやうな晩年の此の程になつてから、心の何処かに一抹の气を感ずることがある様になつた。それが又何であり、何のためであるかすら自分にも分らないものではある。尤も此の事は今に始つたことではないかも知れない、も少し以前から起つたのでもあらうが、今ですら猶分らない程のものであるのであるから最初に起きたのは何時かといふやうなことは气付くわけもなかつたらう。

それが此の頃になつて漸次气づくやうになつて來たのである。さう云へば舍利弗《しゃりほつ》が病を養ふためナーランダーの生家に引籠つた以來の頃からであつたらしい。それに倣《なら》ふといふわけでもなくて、知らず識らずの間に何となく人々を避けて禪觀を凝らしたくなつて例の禿たか山（鶚峯）に籠つたのであつた。

それは vasanta《ヴァサンタ》（春）の終り頃でもあつたらうか、が今は最早 grīṣma《グリシュマ》（暑气の候）になつた。今日此の頃になつて此の様な變化の迹を辿つて見ると、其の變化は日々については殆《ほとんど》气付かない程に極めて微々として徐々たるものであるので、やゝともすれば常態と見過して馴れ易くもあるが、さて少し永く遡つて振り返つて比較すると矢張り發展してゐる差が迹付けられもする。これは气の衰へとでもいふものであるならば、何と云つても老衰の故の止むを得ない事實と考へるより無からうが、さりとて穴勝さうでも無いと考へられる點もある。それといふのはこれは余り根深いものではないやうである。譬へていへば霞のやうな淡くて淺い、何方らかと云へば表面的なものらしいからではあるが、それで見過しにすることも出來ないばかりでなく、又根強さもある。

見過しに出來ないといへば、此れに加へて此の頃の長老比丘等の態度である。一時の大勢から見ると反つて長老等の間に動揺の兆が見逃せなくなつて來てゐる。これも亦あの舍利弗引退以來のやうに思はれる。丁度組み物の楔が抜けて全體ががたつき出したといふやうな各自それそれの己義の對立が感ぜられる。脩行に勤めるといふことゝ其の己義の主張とを混同してゐるのは困つたものだ。永い間自分も勤め、彼れ等もそれに從つて勤めては來た。其の結果が此の様であるとするならば、其の原因は更めて究明されなければならない。彼れ等を見渡すに皆大同小異で頼もしく思はれるものは一人も無い。矢張あの舍利弗一人が頼もしくなるばかりである。舍利弗に會つて見たくなつた。舍利弗に會つて見よう。

有明に夢の余波《なこり》の消えまがふ

Ekaṃ samayaṃ Bhagavā Rājagahe viharati Gijjhakūṭe pabbate. Tena kho pana samayena (I.1) Vassakāro brāhmaṇo Magadha-mahāmatto rañño Māgadhassa Ajātasattussa Vedehiputtassa paṭissutvā, bhaddāni bhaddāni yānāni yojāpetvā, bhaddaṃ yānaṃ abhirūhitvā, bhaddehi bhaddehi yānehi Rājagahamhā niyyāsi, yena Gijjhakūṭo pabbato tena pāyāsi, yāvatikā yānassa bhūmi yānena gantvā yānā paccorohitvā pattiko va yena Bhagavā ten' upasaṃkami, upasaṃkamitvā Bhagavatā saddhiṃ sammodi, sammodanīyaṃ kathaṃ sārāṇīyaṃ vītisāretvā ekamantaṃ nisīdi. Ekamantaṃ nisinno kho Vassakāro brāhmaṇo Magadha-mahāmatto Bhagavantaṃ etad avoca :

'Rājā bho Gotama Māgadho Ajātasattu Vedehi-putto bhoto Gotamassa pāde sirasā vandati, appâbādham phāsu-vihāraṃ pucchati. Rājā bho Gotama Māgadho Ajātasattu Vedehiputto Vajjī abhiyātu-kāmo. So evam āha : "Āhañhi 'me Vajjī evaṃ-mahiddhike evaṃ-mahânubhāve, ucchejjāmi Vajjī vināsessāmi Vajjī anaya-vyasanaṃ āpādessāmi Vajjī ti." (I. 3)

（和譯）或時《あるとき》、世尊は王舎城《おうしやじよう》のはげたか山（鷲峯《ようぼう》）で過して居られた。其の時（一、一）マガダの大臣ヴァッサカーラ婆羅《ばら》門《もん》はヴィデーハ夫人所生《しよせい》のマガダ王アジャータサットゥの命を承けて、儀仗《ぎじよう》を整へ、王舎城を發つて、此の鷲峯へ來た。下乗《げじよう》の処で乗物を降り、徒歩で世尊に近づいて、禮畢《れいおわ》り、座定まつて、王の旨を述べた。

「世尊ゴータマ、ヴィデーハ夫人所生のマガダ王アジャータサットゥは、世尊ゴータマの足下《そつか》に稽首《けいしゆ》し、少病《しようびよう》少悩《しようのう》を問ひ奉る。世尊ゴータマ、ヴィデーハ夫人所生のマガダ王アジャータサットゥはヴァッジー國を伐たむと欲してかく宣ぶ。

『予はかの强力なるヴァッジー國を討ち滅さむとす』と。」（一、三）

Tena kho pana samayena āyasmā Ānando Bhagavato piṭṭhito ṭhito hoti Bhagavantaṃ vījamāno. Atha kho Bhagavā āyasmantaṃ Ānandaṃ āmantesi :

‘Kin ti te Ānanda sutaṃ, Vajjī abhiṇhaṃ sannipātā sannipāta-bahulā ti ? ’

‘Sutaṃ me taṃ bhante Vajjī abhiṇhaṃ sannipātā sannipāta-bahulā ti. ’

‘Yāvakīvañ ca Ānanda Vajjī abhiṇhaṃ sannipātā sannipāta-bahulā bhavissanti, vuddhi yeva Ānanda Vajjīnaṃ pāṭikaṅkhā no parihāni. Kin ti te Ānanda sutaṃ, Vajjī samaggā sannipatanti samaggā vuṭṭhahanti samaggā Vajjī-karaṇīyāni karontîti ? ’

‘Sutaṃ me taṃ bhante Vajjī samaggā sannipatanti samaggā vuṭṭhahanti samaggā Vajjī-karaṇīyāni karontîti.

‘Yāvakīvañ ca Ānanda Vajjī samaggā sannipatissanti samaggā vuṭṭhahissanti samaggā Vajjī-karaṇīyāni karissanti, vuddhi yeva Ānanda Vajjīnaṃ pāṭikaṅkhā no parihāni. Kin ti te Ānanda sutaṃ Vajjī appaññattaṃ na paññāpenti, paññattaṃ na samucchindanti, yathā paññatte porāṇe Vajjī-dhamme samādāya vattantîti ? ’

‘Sutaṃ me taṃ bhante Vajjī appaññattaṃ na paññāpenti, paññattaṃ na samucchindanti, yathā paññatte porāṇe Vajjī-dhamme samādāya vattantîti.'

'Yāvakīvañ ca Ānanda Vajjī appaññattaṃ na paññapessanti, paññattaṃ na samucchindissanti, yathā paññatte porāṇe Vajjī-dhamme samādāya vattissanti, vuddhi yeva Ānanda Vajjīnaṃ pāṭikaṅkhā no parihāni. Kin ti te Ānanda sutaṃ Vajjī ye te Vajjīnaṃ Vajjī-mahallakā te sakkaronti garukaronti mānenti pūjenti tesañ ca sotabbaṃ maññantîti ?'

'Sutaṃ me taṃ bhante Vajjī ye te Vajjīnaṃ Vajjī-mahallakā te sakkaronti garukaronti mānenti pūjenti tesañ ca sotabbaṃ maññantîti.'

'Yāvakīvañ ca Ānanda Vajjī ye te Vajjīnaṃ Vajjī-mahallakā te sakkarissanti garukarissanti mānessanti pūjessanti tesañ ca sotabbaṃ maññissanti, vuddhi yeva Ānanda Vajjīnaṃ pāṭikaṅkhā no parihāni. ….' (I. 4)

（和譯）其の時アーナンダは世尊の後に侍立して、風を送つてゐた。そこで世尊はアーナンダに、「アーナンダ、ヴァッジー國は会議を催す毎に参集者は多いかどうか、聞いて居るか」と訊ねた。

「世尊、ヴァッジー國は会議を催す毎に参集者は多いと聞いて居ります」

「アーナンダ、ヴァッジー國が会議を催す毎に参集者の多い限りは、ヴァッジー國に繁榮は期されるとも、衰亡は有り得ない。アーナンダ、ヴァッジー國は協和協力して國事を行ふと聞いて居るか」

「世尊、ヴァッジー國は協和協力して國事を行ふと聞いて居ります」

「アーナンダ、ヴァッジー國が協和協力して國事を行ふ限りは、ヴァッジー國に繁榮は期されるとも、衰亡は有り得ない。アーナンダ、ヴァッジー國は法規以外に法の亂用をしたり、法規を犯したりなどせず、周知のヴァッジー傳統を遵守してゐると聞いて居るか」

「世尊、ヴァッジー國は法規以外に法の亂用をしたり、法規を犯したりなどせず、周知のヴァッジー傳統を遵守してゐると聞いて居ります」

「アーナンダ、ヴァッジー國が法規以外に法の亂用をしたり、法規を犯したりなどせず、周知のヴァッジー傳統を遵守してゐる限りは、ヴァッジー國に繁榮は期されるとも、衰亡は有り得ない。ヴァッジー國はその古老を尊重崇敬して、其の言に聽從してゐると聞いて居るか」

「世尊、ヴァッジー國は其の古老を尊重崇敬して、其の言に聽從してゐると聞いて居ります」

「アーナンダ、ヴァッジー國が其の古老を尊重崇敬して、其の言に聽從してゐる限りは、ヴァッジー國に繁榮は期されるとも、衰亡は有り得ない。……」（一、四）

Atha kho Bhagavā Vassakāraṃ brāhmaṇaṃ Magadha-mahāmattaṃ āmantesi :
'Ekam idâhaṃ brāhmaṇa samayaṃ Vesāliyaṃ viharāmi Sārandade cetiye, tatrâhaṃ Vajjīnaṃ ime satta

aparihāniye dhamme desesiṃ, yāvakīvañ ca brāhmaṇa ime satta aparihāniyā dhammā Vajjīsu ṭhassanti, imesu ca sattasu aparihāniyesu dhammesu Vajjī sandissanti, vuddhi yeva brāhmaṇa Vajjīnaṃ pāṭikaṅkhā no parihānîti.'

Evaṃ vutte Vassakāro Brāhmaṇo Magadha-mahāmatto Bhagavantaṃ etad avoca:

'Ekamekena pi bho Gotama aparihāniyena dhammena samannāgatānaṃ Vajjīnaṃ vuddhi yeva pāṭikaṅkhā no parihāni, ko pana vādo sattahi aparihāniyehi dhammehi? Akaraṇīyā va bho Gotama Vajjī raññā Māgadhena Ajātasattunā Vedehiputtena yadidaṃ yuddhassa aññatra upalāpanāya aññatra mithu-bhedā. Handa ca dāni mayaṃ bho Gotama gacchāma, bahukiccā mayaṃ bahukaraṇīyā ti.'

'Yassa dāni tvaṃ brāhmaṇa kālaṃ maññasîti.'

Atha kho Vassakāro brāhmaṇo Magadha-mahāmatto Bhagavato bhāsitaṃ abhinanditvā anumoditvā uṭṭhāy' āsanā pakkāmi. (I. 5)

（和譯）かくて世尊はマガダの大臣、ヴァッサカーラ婆羅門に言はれた。

「婆羅門、曾つて予はヴェーサーリーのサーランダダ・チャイチャで過してゐた時、ヴァッジー人に此の不凋《ふちょう》の法を說いた。婆羅門、此の不凋の法がヴァッジー國に存し、ヴァッジー人が此の不凋の法を遵奉する限りは、ヴァッジー國に繁榮は期されるとも、衰亡は有り得ない」

かう言はれた時、マガダの大臣ヴァッサカーラ婆羅門は世尊に次のやうに應《こた》へた。

「世尊ゴータマ、此れ等の不凋の法の一つだけ遵奉したにしても、ヴァッジー國に繁榮は期され、衰亡は有り得ないのですから、況して凡べてが守られてゐる以上は言ふ迄もありません。世尊ゴータマ、ヴィデーハ夫人所生のマガダ王アジャータサットゥは權謀か不和に俟つ以外、戰爭に由つてはヴァッジー國をどうすることも出來ません。さて、世尊ゴータマ、お暇《いとま》致します、政務多端で御座いますので」

「婆羅門、貴下の御隨意に」

そこでマガダの大臣ヴァッサカーラ婆羅門は、世尊の詞に感銘して座を起つて退いた。（一、五）

Atha kho Bhagavā acira-pakkante Vassakāre brāhmaṇe Magadha-mahāmatte āyasmantaṃ Ānandaṃ āmantesi : ‘Gacca tvaṃ Ānanda yāvatikā bhikkhū Rājagahaṃ upanissāya viharanti, te sabbe upaṭṭhāna-sālāyaṃ sannipātehîti.’

‘Evaṃ bhante’ ti kho āyasmā Ānando Bhagavato paṭissutvā yāvatikā bhikkhū Rājagahaṃ upanissāya viharanti te sabbe upaṭṭhāna-sālāyaṃ sannipātetvā yena Bhagavā ten’ upasaṃkami, upasaṃkamitvā Bhagavantaṃ abhivādetvā ekamantaṃ aṭṭhāsi, ekamantaṃ ṭhito kho āyasmā Ānando Bhagavantaṃ etad avoca : ‘Sannipatito bhante bhikkhu-saṃgho, yassa dāni bhante Bhagavā kālaṃ maññasîti.’

Atha kho Bhagavā uṭṭhāy’ āsanā yena upaṭṭhāna-sālā ten’ upasaṃkami, upsaṃkamitvā paññatte āsane nisīdi, nisajja kho Bhagavā bhikkhū āmantesi :

'Satta vo bhikkhave aparihāniye dhamme desessāmi, taṃ suṇātha sādhukaṃ manasi karotha bhāsissāmîti.'

'Evaṃ bhante' ti kho te bhikkhū Bhagavato paccassosuṃ. Bhagavā etad avoca :

'Yāvakīvañ ca bhikkhave bhikkhū abhiṇhaṃ sannipātā sannipāta-bahulā bhavissanti, vuddhi yeva bhikkhūnaṃ pāṭikaṅkhā no parihāni.'

'Yāvakīvañ ca bhikkhave bhikkhū samaggā sannipatissanti samaggā vuṭṭhahissanti samaggā saṅgha-karanīyāni karissanti, vuddhi yeva bhikkhave bhikkhūnaṃ pāṭikaṅkhā no parihāni.' (I. 6)

（和譯）マガダの大臣ヴァッサカーラ婆羅門が退いて間もなく、世尊はアーナンダに「アーナンダ、王舍城近傍に逗《とどま》つてゐる凡べての比丘を附屬衆堂に集めるやうに」と言はれた。

「唯然《はい》、世尊」とアーナンダは世尊の旨を承け、王舍城近傍に有る凡べての比丘を附屬衆堂に集めて、世尊の許に參り、禮畢《おわ》り、世尊に対して「世尊、比丘等は集りました。御都合お宜しくば」と申上げた。

そこで世尊は座を起つて、附屬衆堂へ出て、設けの座に着き、やがて世尊は比丘等に言はれた。「お前達に不凋の法を示教する。心して聞くやうに」と。

「唯然、世尊」と比丘等は世尊にお應へした。世尊は次のやうに言はれた。

「比丘達、比丘達が集る毎に多ければ、比丘達に向上は期されるとも、沈滯は有り得ない」

「又、比丘達が協和協力して僧事に勤める限り、比丘達に向上は期されるとも、沈滞は有り得ない。

……」（一、六）

鴦峯出去《ようぼうしゅっきょ》

折柄アジャータサットゥ王の諮問を受けたのであるが、道におろかといふも更らに、浅ましい修羅闘諍《しゅらとうじょう》の野心の顧問である。恐らく今後もかかる顧問に屢《しばしば》與《あずか》らねばなるまい。まことに煩はしい。此処も最早逗《とど》まる所でない。此処を去らう、兎にも角にも此処を去るべきだ。

浅ましいと云へば、王にも増して浅ましい紛争の气配は長老比丘である。王はクシャトリヤであれば猶恕《なおゆる》すべき所以もある。比丘は沙門である。さてこれをどうすればよいか。王城の地は去り得ても此のサンガは容易く去り得ることは出來なからう。第一に此の過の所以が彼《ひ》と我《が》との何れに在るか。若し吾れに在るならば其の過の所以を直して責任を明かにしなければならぬ。假令彼に在りとしても猶一往二往は諭しもし、正しもし、すべきであらう。

今の吾が心には吾れに過なしと斷ずるにはためらひがある。さりとて過ありとするも、これを明らかにする所以を知る由もない。

おゝ、何を置いても、兎も角も舎利弗に會つて見よう。彼れの其の後の容態も訊ねたい。併、彼れの引退も單なる養病といふよりはむしろ其の意の在る所は專ら養晦《ようかい》に在つたらしい。後圖は舎利弗に會つた上で自《おのず》からきまらう。

故里に旅の首途《かどで》や更衣《ころもがえ》

Atha kho Bhagavā Rājagahe Gijjhakūṭe pabbate yathâbhirantaṃ viharitvā āyasmantaṃ Ānandaṃ āmantesi : 'Āyām' Ānanda yena Ambalaṭṭhikā ten' upasaṃkamissāmâti. '

'Evaṃ bhante' ti kho āyasmā Ānando Bhagavato paccassosi. Atha kho Bhagavā mahatā bhikkhu-saṃghena saddhiṃ yena Ambalaṭṭhikā tad avasari. (I. 13)

（和譯）かくて世尊は王舎城鷲峯の事濟みて、アーナンダに「さて、アーナンダ、アンバラッティカーに行く」と言はれた。

「唯然、世尊」と、アーナンダは世尊にお應へした。そこで世尊は比丘衆と共にアンバラッティカーに向つて山を出られた。（一、一三）

Tatra sudaṃ Bhagavā Ambalaṭṭhikāyaṃ viharati Rājâgārake…… (I. 14)

（和譯）かくて世尊はアンバラッティカーの御苑に次された。……（一、一四）

Atha kho Bhagavā Ambalaṭṭhikāyaṃ yathâbhirantaṃ viharitvā āyasmantaṃ Ānandaṃ āmantesi : 'Āyām' Ānanda yena Nāḷandā ten' upasaṃkamissāmâti.'

'Evaṃ bhante' ti kho āyasmā Ānando Bhagavato paccassosi. Atha kho Bhagavā mahatā bhikkhu-saṃghena saddhiṃ yena Nāḷandā tad avasari. Tatra sudaṃ Bhagavā Nāḷandāyaṃ viharati Pāvārikambavane.

(I. 15)

（和譯）世尊はアンバラッティカーの用濟みて後、アーナンダに「さて、アーナンダ、ナーランダーに行く」と言はれた。

「唯然、世尊」と、アーナンダは世尊にお應へした。そこで世尊は比丘衆と共にナーランダーに向つて發たれた。かくして世尊はナーランダーのパーヴァーリカンバ苑に次された。（一、一五）

Atha kho āyasmā Sāriputto yena Bhagavā ten' upasaṃkami, upsaṃkamitvā Bhagavantaṃ abhivādetvā ekamantaṃ nisīdi. Ekamantaṃ nisinno kho āyasmā Sāriputto Bhagavantaṃ etad avoca :

'**Evaṃ-pasanno ahaṃ** bhante Bhagavati na câhu na ca bhavissati na c' etarahi vijjati añño samaṇo vā brāhmaṇo vā Bhagavatā bhiyyo **'bhiñña**taro ……' ti.

'Uḷārā kho te ayaṃ Sāriputta āsabhī vācā bhāsitā, ekaṃso gahito sīha-nādo nadito : ……. Kin nu Sāriputta ye te ahesuṃ atītam addhānaṃ arahanto sammā-sambuddhā, sabbe te Bhagavanto **cetasā ceto-paricca viditā**……? '

'No h'etaṃ bhante.'

'Kiṃ pana Sāriputta ye te bhavissanti anāgatam addhānaṃ arahanto sammā-sambuddhā, sabbe te Bhagavanto cetasā ceto-paricca viditā……? '

'No h' etaṃ bhante.'

'Kiṃ pana Sāriputta ahaṃ te etarahi arahaṃ sammā-sambuddho cetasā ceto-paricca vidito……? '

'No h' etaṃ bhante.'

'Etth' eva hi te Sāriputta ……ceto-pariya-ñāṇaṃ n' atthi. Atha kiñ carahi te ayaṃ Sāriputta uḷārā āsabhī vācā bhāsitā, ekaṃso gahito sīha-nādo nadito,……? ' (I. 16)

'Na kho me bhante aññânāgata-paccuppannesu arahantesu sammā-sambuddhesu ceto-pariya-ñāṇaṃ atthi. Api ca **dhammanvayo vidito.**……Evam eva kho me bhante **dhammanvayo vidito.**……'　(I. 17)

（和譯）其の時、サーリプッタは世尊の許に參り、禮畢つて對坐した。やがて世尊にかう申しました。

「尊師、私は師に就いて**かう甄明《けんめい》になりました。**師より勝れた**認識**を有てる他の沙門或は婆羅門は過去にも居なかつたし、將來にも居ないであらうし、現在にも見ないといふことです」と。

「ほほう！　偉い言《こと》を言つたもんだ。類を絶した斷案だ。眞に獅子吼だ。サーリプッタ、お前はどんな**推理で然う觀たのか**」

「いゝえ、推理で觀たのではありません」

「すると、其れは推理の判斷ではないのだな。それなら、どうして其のやうなことが言へたのか」

（一、一六）

「尊師、その通り推理の判斷ではありません。直《ただ》 **dhammanvaya が觀たのです。正さに dhammanvaya が然《そ》う觀たのです。**」　（一、一七）

參考譯

（漢譯）如是我聞。一時佛在那難陀城波波利菴婆林。與大比丘衆千二百五十人倶。時長老舍利弗於閑靜處默自念言。**我心決定**知過去未來現在沙門婆羅門**智慧**神足功德道力無有與如來無所著等正覺等者。時舍利弗從靜室起往至世尊所。頭面禮足在一面坐。白佛言。向於靜室默自思念。過去未來現在沙門婆羅門**智慧**神足功德道力。無有與如來無所著等正覺等者。佛告舍利弗。善哉善哉。汝能於佛前說如是語。一向受持正獅子吼。……汝**能知**過去諸佛**心中所念**……**不**。對曰不知。……汝能知當來諸佛心中所念……不。答曰不知。……如我今如來眞等正覺心中所念……汝能知不。答曰不知。又告舍利弗。……何故決定作是念。因何事生是念一向堅持而獅子吼。……舍利弗白佛言。我於過去未來現在諸佛心中所念。我不能知。佛総相法我則能知。……（佛說長阿含第二分自歡喜經）

現存漢譯涅槃經四本共、此の部分を缺く

（獨譯）……“**So klar geworden bin ich**, o Herr, am Erhabene: es war nicht und es wird nicht sein und ist auch gegenwärtig nicht ein andrer Asket oder Priester reicher als der Erhabene an **Weisthum**, und zwar im Erwachtsein.”

“Gewaltig ist, Sāriputto, das kühne Wort, das du gesprochen, schlechthin behauptet, als Löwenruf hast erschallen lassen : …… ; wie denn Sāriputto : die da in vergangenen Zeiten Heilige, vollkommen Erwachte waren, alle jene Erhabenen **hast du im Geiste geistig erfassend erkann**t :…… ? ”

"Das wohl nicht, o Herr."

"Wie aber, Sāriputto : die da in künftigen Zeiten Heilige, …… ? "

"Das wohl nicht, o Herr."

"Wie aber, Sāriputto : hast du gegenwärtig mich als Heiligen, vollkommen Erwachten im Geiste geistig erfassend erkannt : …… ? "

"Das wohl nicht, o Herr."

"So hast du eben da, Sāriputto,……keine geistig durchdringende Kunde : wie denn also nur, Sāriputto, konntest du das gewaltige, kühne Wort sprechen, schlechthin behaupten, als Löwenruf erschallen lassen ……?" (I. 16)

"Freilich hab' ich, o Herr, von den vergangenen, künftigen, gegenwärtigen Heiligen, vollkommen Erwachten keine geistig durchdringende Kunde : gleichwohl **hab' ich folgerecht erkannt.** …… Ebenso nun auch, o Herr, **hab' ich folgerecht erkannt.**……" (I. 17) (K. E. Neumann)

(英譯) Now the venerable Sāriputta came to the place where the Exalted One was, and having saluted him, took his seat respectfully at his side, and said: ----

'Lord ! **such faith have I in the Exalted One**, that methinks there never has been, nor will there be, nor is there now any other, whether wanderer or Brahmin, who is greater and wiser than the Exalted One, that is to say, as regards the higher wisdom. '

'Grand and bold are the words of thy mouth, Sāriputta: verily, thou hast burst forth into a song of ecstasy ! of course then thou hast known all the Exalted Ones who in the long ages of the past have been Able, Awakened Ones, **comprehending their minds with yours,** ……? '

'Not so, O Lord ! '

'Of course then thou hast perceived all the Exalted Ones who in the long ages of the future shall be Able, Awakened Ones comprehending……? '

'Not so, O Lord ! '

'But at least then, O Sāriputta, thou knowest me as the Able, Awakened One now alive, and hast penetrated my mind……? '

'Not even that, O Lord ! '

'You see then, Sāriputta, that you know not the hearts of the Able, Awakened Ones……. Why therefore are your words so grand and bold ? Why do you burst forth into such a song of ecstasy ? ' (I. 16)

'O Lord! I have not the knowledge of the hearts of the Able, Awakened Ones that have been, and are to come, and now are. **I only know the lineage of the faith**. ……Thus only is it, Lord, that **I know the lineage of the faith.**……' (I. 17) (Rhys Davids)

ナーランダーの次、舍利弗省視《せいし》（師《し》資《し》相見《しようけん》）

舍利弗と會つてからの釋尊は何か前途が開けたやうな气持になつた。あの不思議な气迫の籠つた言葉は自分の心を驚かし衝《う》つて心の奥に通るものを感じた。さりとてそれは定力《じようりき》と考へられないものがある。力として纏めて感じられるやうなものではない。舍利弗はそれを自ら dhammanvaya《ダンマンヴアヤ》と云つた。通途の意味ならばそれは正法力とでも解すべきものではあらうが、舍利弗のあの時の言葉はそのやうな通途に淺はかに解し去るべからざる不思議な气迫が有る。今の自分の及ばない何ものかゞ感じられる。かく感じ取るだけは感じられてもそれが何であるかは分らない。舍利弗は自分が未だ達し得てゐない所に已に達し得たのであらう。ガヤー成道の時全く達し得たと思ひ込んでしまつたのであつたが、猶未達の余地が存してゐたとは、思ひもよらなかつた。おゝ、さう云へば近來漸く心付くやうになつた一抹の心の動き、それは此の事の示唆であつたでもあらうか。此の一抹の気と云ひ、あの不思議な気迫を感じ取る心と云ひ、何か一脈通ふ所があるらしく思はれて來た。可《よし》、このことを究明する。今更めて一介の沙門として頭陀《ずだ》を專らとする。かくて王城の地を後にしてガンガーを北に渡つた。

頭陀行《かう》の衣手吹くや青嵐

コーティガーマの次の資料

Atha kho Bhagavā Nāḷandāyaṃ yathâbhirantaṃ viharitvā āyasmantaṃ Ānandaṃ āmantesi: 'Āyām' Ānanda yena Pāṭaligāmo ten' upasaṃkamissāmâti.'

'Evaṃ bhante' ti kho āyasmā Ānando Bhagavato paccassosi. Atha kho Bhagavā mahatā bhikkhu-saṃghena saddhiṃ yena Pāṭaligāmo tad avasari. (I. 19)

Tena kho pana samayena Sunīdha-Vassakārā Magadha-mahāmattā Pāṭaligāme nagaraṃ māpenti Vajjīnaṃ paṭibāhāya. ...... (I. 26)

Atha kho Bhagavā yena Gaṅgā nadī ten' upasaṃkami, ...Gaṅgāya nadiyā .....pārima-tīre paccuṭṭhāsi saddhiṃ bhikkhu-saṃghena. (I. 33)

(和譯)かくて世尊はナーランダーの事濟みて、アーナンダに「さて、アーナンダ、パータリ村に行く」と言はれた。

「唯然、世尊」と、アーナンダは世尊にお應へした。そこで世尊は比丘衆と共に、パータリ村に向つて發たれた。(一、一九)

其の頃、マガダの大臣、スニーダとヴァッサカーラはヴァッジー防禦の爲にパータリ村に城市を經營してゐた。(一、二六)

とかうして、世尊はガンガー河に涖《のぞ》まれ、……比丘衆と共に河の彼岸に渡られた。(一、三三)

Atha kho Bhagavā mahatā bhikkhu-saṃghena saddhiṃ yena Koṭigāmo tad avasari. Tatra sudaṃ Bhagavā Koṭigāme viharati.（II. 1）

Tatra kho Bhagavā bhikkhū āmantesi :

'Catunnaṃ bhikkhave ariya-saccānaṃ **ananubodhā appativedhā evam idaṃ** dīgham addhānaṃ sandhāvitaṃ saṃsaritaṃ mamañ c'eva tumhākañ ca. ……（II. 2）

（和譯）かくて世尊は比丘衆と共にコーティ村に向つて發たれ、やがてコーティ村に次された。（二、一）

此処で世尊は比丘等に告げられた。

「比丘達、四諦に就いて**省察が足りず、未達であつたので、かくも此のやうに**永い間、自分もお前達も經廻つたものだナ」（二、二）

参考譯

（漢譯）佛告諸比丘。皆聽。其爲道者。**當知**四諦。**凡人不知**。故走長塗。宛轉生死。無休止時。吾是以啓汝意。……（般泥洹經）

爾時世尊從跋祇遊行至拘利村。在一林下告諸比丘。有四深法。……此法微妙難可解知。我及汝等**不曉了故**。久在生死流轉無窮。……（遊行經）

（獨譯）Dort nun wandte sich der Erhabene an die Mönche : “Weil da, ihr Mönche, die vier heiligen Wahrheiten **nicht verstanden, nicht durchdrungen waren**, ist eben diese lange Laufbahn umwandelt worden, umkreist worden, von mir sowie von euch : ……”　(K. E. Neumann)

（英譯）And at that place the Exalted One addressed the brethren, and said :—‘**It is through not understanding and grasping** four Aryan Truths, O brethren, that we have had to run so long, to wander so long in this weary path of transmigration both you and I ! ’　(Rhys Davids)

コーティガーマの次

ガンガーを北に渡つてコーティガーマに次して、此処でやゝ小閑《しようかん》を得るやうになつた。其の人間《ひとま》に舎利弗を憶ひ出すにつけて往時が憶ひ起された。あのニグローダ樹下の禪觀、五蘊無常、無我の禪觀の極まつた刹那、全く何の余地もなく amataṃ《アマタン》 adhigataṃ《アディガタン》 の samādhi《サマディー》 に達した。それを以て五比丘を初めとして舎利弗、目連、迦葉《かしよう》等々の諸比丘を接して自らも勸め、サンガをも指導して來た。爾來四十余年の今になつてあの舎利弗の更まつた言を聞くに至つた。"na câhu na ca bhavissati na c'etarahi vijjati añño samaṇo vā brāhmaṇo vā Bhagavatā bhiyyo 'bhiññataro" 何心もなく聽くものに取つては何の奇もない、今更と聽き流されもするであらうが、自分に取つては不思議に奇異に響く气韻がある。他の者なら知らず、あの舎利弗が今更めて"evaṃ pasanno ahaṃ"と云ひ、"evaṃ eva kho me…… dhammanvayo vidito"と云ふ、其の舍利弗は是れまで自分の知つてゐる舍利弗ではない。其の舍利弗の"pasanno"、"dhammanvayo"今の自分に屆かぬものがある。其の dhammanvaya が觀たといふ abhiññā と云ふものは樹下禪觀の五蘊無常無我より他には無い筈である。此の從來の觀方なら自分と同樣に舍利弗も熟知してゐるもので、今更あの樣なことを更めて言ひ出すことはない。何か新奇な觀方に達したに違ひない。あの禪觀の極まつた刹那には省察の足らぬ未達の余地があらうなどとは思ひもよらなかつたし、今も猶さう思ふよりないのであるが、併、舍利弗のあの dhammanvaya には今の自分の屆かない響がある。此の程の一抹の气の動きと云ひ、長老等の未熟と云ひ、あの當初、苦の因果と其の滅とを說き、其の實證として五蘊無常無我の禪觀を勸めて今に至つたのであるが、其の實脩に當つての指導など多くは傳統的であつたし、方々樹下禪觀には猶省察の不徹底未熟が存してゐると考へるよりはない。自分と云ひ、長老の現狀がそれを證してゐるのではあるまいか。兎に角、此のことが究明され直《ただ》されて解消しない限りは自分の法の不備の責任は重大である。長老等の過誤とばかりは考へられてはならぬ。

其処へ阿難と共に長老等が來た。かういふ折柄なので、はなしがたまく警告から述懐に落ちた。が

シュラヴァアカは聞きそらしたる蜀魂《ほととぎす》

Atha kho Bhagavā Koṭigāme yathâbhirantaṃ viharitvā āyasmantaṃ Ānandaṃ āmantesi :

'Āyām' Ānanda yena Nādikā ten' upasaṃkamissāmâti.'

'Evaṃ bhante' ti kho āyasmā Ānando Bhagavato paccassosi.

Atha kho Bhagavā mahatā bhikkhu-saṃghena saddhiṃ yena Nādikā tad avasari. Tatra sudaṃ Bhagavā Nādike viharati Giñjakâvasathe. (II. 5)

（和譯）かくて世尊はコーティ村の事濟みて、アーナンダに「さて、アーナンダ、ナーディカーに行く」と言はれた。

「唯然、世尊」と、アーナンダはお應へした。

そこで世尊は比丘衆と共にナーディカーに向つて發たれ、やがてナーディカーの煉瓦堂に次された。

（二、五）

Atha kho āyasmā Ānando yena Bhagavā ten' upasaṃkami, upsaṃkamitvā Bhagavantaṃ abhivādetvā ekamantaṃ nisīdi. Ekamantaṃ nisinno kho āyasmā Ānando Bhagavantaṃ etad avoca :

'Sāḷho nāma bhante bhikkhu Nādike kālakato, tassa kā gati ko abhisamparāyo ? Nandā nāma bhante bhikkhunī Nādike kālakatā, tassā kā gati ko abhisamparāyo ? ......' (II. 6)

（和譯）其の時にアーナンダは世尊の許に參り、禮畢つて對坐し、そしてかうお訊ねした。

「尊師、サールハと申す比丘がナーディカーで亡くなつて居ります。其の生趣《しようしゆ》はどうでありますか。又ナンダーと申す比丘尼もナーディカーで亡くなつて居ります。其の生趣はどうでありますか。……」

（二、六）

'Anacchariyaṃ kho pan' etaṃ Ānanda yaṃ manussa-bhūto kālaṃ kareyya, tasmiṃ tasmiṃ ce kālakate Tathāgatam upasaṃkamitvā etam atthaṃ pucchissatha, vihesā v' esā Ānanda Tathāgatassa. Tasmāt ih' Ānanda [Dhammâdāsaṃ nāma dhamma-pariyāyaṃ desessāmi yena samannāgato ariya-] **sāvako ākaṅkhamāno attanā va attānaṃ vyākareyya** : ["Khīṇa-nirayo 'mhi khīṇa-tiracchāna-yoniyo khīṇa-petti-visayo khīṇâpāya-duggati-vinipāto, sotâpanno 'ham asmi avinipāta-dhammo niyato sambodhi-parāyano"] ti. (II. 8)

（和譯）「アーナンダ、人の死ぬといふことは不思議ではない。其の度毎にわしの処に來て其の生趣を訊かれては實に煩はしい。といふのはアーナンダ、**聲聞たるものの庶幾《しよき》するところは、自分で自分を記莂《ベツ》しさへすればよいのだ。**」（二、八）

參考譯

（漢譯）於是佛謂諸比丘。汝說彼死者。爲撓擾佛也。然吾爲佛。不復受此。亦當何懼。微哉妙哉矣。生死有時。……**當望正度求解身**。要可以除斷地獄畜生鬼神之道。以致溝港不隨惡地。……（般泥洹經）

明經者可得作人。當斷地獄畜生餓鬼道。佛爲天下。正生死道。**諸比丘當思惟之**。（佛般泥洹經）

佛告阿難。……阿難。夫生有死自世之常。此何足恠（＝怪）。若一一人死來問我者非擾亂耶。……今當爲汝說於**法鏡**。**使聖弟子**知所生處三惡道盡得須陀洹。不過七生必盡苦際。亦能爲他說如是事。（遊行經）

（獨譯）“Nichts Besonderes ist es ja, Ānando, daß ein Menschenwesen zu sterben komme. Wenn ihr dabei jedem und jedem Verstorbenen an den Vollendeten herantreten und um eine Auskunft bitten wolltet, wäre das wohl eine Plage, Ānando, für den Vollendeten. Darum will ich, Ānando, den ‘Spiegel der Lehre ’, wie hier die Darstellung heißen soll, aufweisen, mit dem versehn der heilige Jünger, wenn ihn danach verlangt, eben selber sich aufklären kann: Versiegt hab’ ich die Hölle, versiegt den Schoß der Thierheit, versiegt das Gespensterreich, versiegt den Abweg, die üble Fährte, das Verderben entronnen, eile zielbewußt der vollen Erwachtung entgegen. ” (K. E. Neumann)

（英譯）‘Now there is nothing strange in this, Ānanda, that a human being should die; but that as each one does so you should come to me, and inquire about them in this manner, that is wearisome to me. I will, therefore, teach you a way of truth, called the Mirror of Truth, which if a disciple of the noble ones posses he may, if he should so desire, himself predict of himself :----.'　(Rhys Davids)

ナーディカー旅次の一夕《いつせき》

コーティガーマの一夕の釋尊の述懐がさすがに長老の自負を搖がす所でもあつたか、たまたま此のナーディカーで死んだサールハ比丘等を初め、それからそれへと此処で死んだ人々の死後の生趣《しようしゆ》について論議されるやうになつたが、其の議もまちまちで決する所なく終つた。それを彼れらに代つてアーナンダが釋尊にただ《だ》さうとした。

釋尊は其のやうなことを今更煩はしい、と云ひながらも一往の判定をした後で、さういふことは各自が自らの脩行によつて自《みず》からだに記莂《きべつ》さへすればよいのであると戒めた。

うつせみのひとからかこつ夕哉

アンバパーリー苑 sato sampajāno の訓話の資料

Atha kho Bhagavā Nādike yathâbhirantaṃ viharitvā āyasmantaṃ Ānandaṃ āmantesi : ‘ Āyām’ Ānanda yena Vesālī ten’ upasaṃkamissāmâti.’

‘Evaṃ bhante’ ti kho āyasmā Ānando Bhagavato paccassosi.

Atha kho Bhagavā mahatā bhikkhu-saṃghena saddhiṃ yena Vesālī tad avasari. Tatra sudaṃ Bhagavā Vesāliyaṃ viharati Ambapāli-vane. (II. 11)

（和譯）かくて世尊はナーディカーの事濟みて、アーナンダに「さてアーナンダ、ヴェーサーリーに行く」と言はれた。

「唯然、世尊」と、アーナンダはお應へした。

そこで世尊は比丘衆と共にヴェーサーリーに向つて發たれ、やがてヴェーサーリーのアンバパーリー苑に次された。（二、一一）

Tatra kho Bhagavā bhikkhū āmantesi :

‘**Sato** bhikkhave bhikkhu vihareyya **sampajāno**, ayaṃ vo amhākaṃ anusāsanī.

‘Kathañ ca bhikkhave bhikkhu **sato** hoti ? Idha bhikkhave bhikkhu kāye kāyânupassī viharati ātāpī **sampajāno satimā vineyya loke abhijjhā-domanassaṃ** vedanāsu …… pe …… citte …… pe …… dhammesu dhammânupassī viharati, ātāpī **sampajāno satimā vineyya loke abhijjhā-domanassaṃ, evaṃ kho bhikkhave**

bhikkhu sato hoti.　(II. 12)

（和譯）そこで世尊は比丘衆に言はれた。

「比丘達、比丘たる者は **sato sampajāno** たるべし。此れ實に各自の指針である。

どうあれば比丘たる者は sato たり得るか。色身に就いて考へるには**甄明な智識を以て内省して、凝思**《ぎょうし》**世間の不安についての所欤**《しょき》**を削除すべく**、ヴェーダナーに就いても、チッタに就いても、ダンマに就いても亦考へるには**甄明な智識を以て内省して、凝思世間の不安についての所欤を削除すべく、かくて正さに比丘は sato たるのである。**」（二、一二）

參考譯

（漢譯）汝等比丘。**當自攝心具諸威儀**。云何比丘**自攝其心**。於是比丘。内身身觀精勤不懈。**憶念不忘捨世貪憂**。外身身觀精勤不懈。憶念不忘捨世貪憂。内外身觀精勤不懈。捨世貪憂。受意法觀亦復如是。（遊行經）

佛般泥洹經、般泥洹經、大般涅槃經に缺く。

（獨譯）“**Klar**, ihr Mönche, soll der Mönch verweilen, **wohlbewußt**: das haltet als unser Gebot. Wie aber, ihr Mönche, bleibt der Mönch **klar**? Da, wacht, ihr Mönche, der Mönch beim Körper über den Körper, unermüdlich, **klaren Sinnes, einsichtig, nach Verwindung weltlichen Begehrens und Bekümmerns**; wacht bei den Gefühlen über die Gefühle,…… ; wacht beim Gemüthe über das Gemüthe, ...; wacht bei den Erscheinungen über die Erscheinungen, unermüdlich, **klaren Sinnes, einsichtig, nach Verwindung weltlichen Begehrens und Bekümmerns. Also, ihr Mönche, bleibt der Mönch klar.** ” (K. E. Neumann)

“In Besonnenheit und wachsamer Bewußtheit zu verharren,” oder “in besonnener Bewußtheit” (sato sampajāno)　(H.Beckh)

（英譯）Now there the Exalted One addressed the brethren, and said: ……‘Let a brother, O mendicants be **mindful** and **self-possessed** ; this is our instruction to you.’

‘And how does a brother become **mindful** ? ’

‘Herein, O mendicants, a brother continues as to the body, so to look upon the body that he **remains** strenuous, **self-possessed, and mindful, having overcome both the hankering and the dejection common in the world.** [And in the same way as to feelings, moods, or ideas, he continues so to look upon each] that **he remains strenuous, self-possessed, and mindful, having overcome both the hankering and the dejection common in the world**……’ (Rhys Davids)

‘Kathañ ca bhikkhave bhikkhu **sampajāno** hoti ? Idha bhikkhave bhikkhu abhikkante paṭikkante

sampajāna-kārī hoti, ālokite vilokite sampajāna-kārī hoti, sammiñjite pasārite sampajāna-kārī hoti, saṃghāṭi-patta-cīvara-dhāraṇe sampajāna-kārī hoti, asite pīte khāyite sāyite sampajāna-kārī hoti, uccāra-passāva-kamme sampajāna-kārī hoti, gate ṭhite nisinne sutte jāgarite bhāsite tuṇhī-bhāve sampajāna-kārī hoti. Evaṃ kho bhikkhave bhikkhu **sampajāno** hoti. **Sato** bhikkhave bhikkhu vihareyya **sampajāno**, ayaṃ vo amhākaṃ anusāsanī'ti. (II. 13)

（和譯）「比丘達、どうあれば比丘たる者は **sampajāno** たるか？ 實《げ》に比丘たる者は進退出入にも **sampajāno** に於いてし、顧視俯仰《こしふぎょう》にも、一擧手にも、三衣持鉢《さんねじはつ》にも、飲食咀嚼《おんじきそしゃく》にも、行屎《し》送尿にも、立居振舞にも寐ても寤めても、物言ふにも言はぬにも sampajāno に於いてす。かくて正さに比丘は **sampajāno** たるのである。

比丘達、比丘たる者は **sato sampajāno** たるべし、此れ實に各自の指針である」（二、一三）

參考譯

（漢譯）云何比丘**具諸威儀**。於是比丘。可行知行可止知止。左右顧視屈伸俯仰。攝持衣鉢食飲湯藥不失宜則善設方便除去陰蓋。行住坐臥覺寐語默**攝心不亂**。是謂比丘**具諸威儀**。**（遊行經）**

（獨譯）'Wie aber, ihr Mönche, bleibt der Mönch **wohlbewußt**? Da bleibt ihr Mönche, der Mönch

beim Kommen und Gehen **wohlbewußt,**……. Also ihe Mönche, bleibt der Mönch wohlbewußt.
Klar, ihr Mönche, soll der Mönch verweilen, **wohlbewußt :** das haltet als unser Gebot. '

(K. E. Neumann)

（英譯）'And how does a brother become **self-possessed** ? He acts, O mendicants, **in full presence of mind** whatever he may do, in going out or coming in, in looking foreward or in looking round, in bending in his arm or in streching it forth, in wearing his robes or in carrying his bowl, in eating or drinking, in masticating or swallowing, in obeying the calls of nature, in walking or standing or sitting, in sleeping or waking, in talking and in being silent.'

'Thus let a brother, O mendicants, **be mindful and self-possessed** ; this is our instruction to you.'

(Rhys Davids)

アンバパーリー苑 sato sampajāno の訓話

釋尊はナーランダーで舍利弗に會つて以來、吾が身を省《み》ることが切實になるにつけても、他の故老比丘の舍利弗との懸隔が一段と目立つて來た。それが圖らずもコーティガーマの警告となり、述懷ともなつたのであつたが、次いでナーディカーの夕のアーナンダが比丘等に代つての質問には少からず驚かされるものがあつた。同じく故老比丘と云ふ以上さすがにあれ程の懸隔があらうとは思はなかつたからであるが、今更めて懸隔と云ふよりはむしろ懸絕であると考へられるのに驚いてゐる。一體これは如何なる原因に由る結果なのであらうか。今の自分すらあのナーランダーの舍利弗の言に届かないものゝあることを感じたのであるから、ガヤー正覺以來の自分の教法指導に何等か不備な點が存することは否めないわけである。がそれにしても舍利弗と他の故老比丘とのあの懸隔の結果はどうした所以であらうか。ナーディカーに於けるあのやうな質疑は何と云つても猶まだ生死世間に迷つてゐる境地に外ならない。五蘊無常無我の禪觀が余りにも未熟であり、從つてamataṃ adhigataṃの定力が殆希薄ではないか。新參の者なら猶脩行未熟であるといふ余地もあるが、あの故老の比丘等は自分や舍利弗と殆脩行の時期は大差がない。そしてあの舍利弗との懸隔は何としたことだ。彼れ等も各自それぞれの特長を有つてゐる。それも今となつて見れば根本のない枝葉末節の餘技でしかない。吾があのコーティガーマの警告述懷にしてからも、此の様な淺薄なことを指摘してのことではなかつたのだ。不死定力の稀薄さと云へばあの舍利弗のpasannaと云ひ、dhammanvayo viditoと云ひ、其の言の气迫には自分の不死の定力と異るものがある。むしろ定力とは考へられないものがある。其の反省でもあり、警告でもあつて、それが圖らずも述懷ともなつてananubodhā, appaṭivedhāと云つたのであるが、彼れ等には殆それが通じなかつたのであつた。考へて見ると恐らく彼れ等はあの當時の自分のあの amatam の定力に酔痴れたのであつたか、今も猶餘りに吾れにたより過ぎてゐる。賴り過ぎると云へば自分もあのガヤー正覺の時あの amataṃ adhigataṃ の三昧に安んじ過ぎたのではなかつたか。それであるならば自分もそれに酔痴れたことになる。頃來の一抹の气の動きはそれのさめかゝる態ではなからうか。

anubodha が足らぬ故に paṭiveda が未達であると云つたが、あの時は現在の一抹の不安に反省してガヤー當初の正覺の amataṃ adhigataṃ を猶未熟と想定したまでゞあつたが、此の事はしかく單純に考ふべき事柄ではなく、もつと仔細にすべきものがある。

anubodha と云つても何を求めて何を體驗しようとするのか、又 paṭiveda と云つても何に徹して安んじようとするのかゞ更めて問はれなければならないやうである。anubodha は paṭiveda の手段である關係にあつて、必竟は求めるものゝ體驗に安んじようとすることに外ならない。今の自分は猶 amatam 三昧に安んじようとして一向五蘊無常無我の禪觀に精進してゐる、これは取りも直さず abhijjhā である。此の abhijjhā を促すものは今自分が感じてゐる一抹の气の動きか、さうでもあるやうであるが又さうでもない所がある。* 今のは amatam 三昧の動搖と想はれる所があつて通途一般の domanassa とは其の類を異にする。一般の domanassa は必竟生死世間に對する不安動搖である。結局此の三昧不安が一般の domanassa と混同して猶 abhijjhā を促すやうである。おゝさう云へば假令それが amatam 三昧であれ、其のための abhijjhā である以上は此の amatam 三昧も猶生死世間に對する不安の事實に外ならないのであつたか。

必竟 ātman と云ひ、又 amatam と云ひ、それが jhāna-samādhi, yoga-samādhi を期する以上は所詮 loke abhijjhā-domanassa に外ならないものであつたのだ。從つて通途に云ふ anubodha, paṭivedha の意は此の事を甄別し得てゐないものの義であるに過ぎない。何か此の事を甄綜《けんそう》するに可い表現を按じて比丘等の注意を促がし反省させなければならない。

anubodha と云つても必竟 sato-saṃkhārā に外ならないのであるから、此処に甄別、不甄別の差別がなければならない。sato-saṃkhārā が一つの samādhi に paṭivedha するためであるときには jhāna か yoga となる。今これを必竟生死世間の domanassa に因由する所欽《しよき》の安定體驗として排除すべきであるとすると、sato-saṃkhārā も、亦 paṭivedha の體驗も變つて來なければならない。禪觀やヨーガの sato-saṃkhārā は所欽目的の samādhi に對して有らゆる sato を淘汰する作用の形式を取るわけであるが、更め訂した場合には一切の yoga や jhāna をも凡て loke abhijjhā-domanassa とし排除する反省となるべきであらう。いや排除といふよりは五蘊に於ける loke abhijjhā-domanassa の減少を内に深く省《み》るといふ態度となるべきであらう。排除といふ態度が所詮 yoga や jhāna の淘汰となる所以であつたのであらうから、これは結局 saṃkhārā の强制歪曲の結果の samādhi であつたのであるとすれば、今更めて paṭivedha の結果は loke abhijjhā-domanassa に促され目的に偏局したものではなく、sato-saṃkhārā の造次《ぞうじ》顚沛《てんぱい》の一々が最も甄明な意識であるべきで、この體驗を sampajāna と稱するのが適當であらう。併、今の処は此処までは分つて來てゐるのではあるが、さて問題は loke abhijjhā-domanassa の減少が如何なる原因方法に由るべきかゞまだ不明である。此の減少を省ることが目的となると、復々 loke domanassa の所欲に戻つて abhijjhā となり、vineyya の態度となつて samādhi に陷る機會となる。兎も角も從來の abhijjhā の態度が先づ一般の anubodha, paṭivedha から sato sampajāno に更められることが差し當つての緊要事である。此の事を少しも早く比丘等に告げなければならない。かういふやうなことがあのナーディカーの夕以來釋尊の心に徂來し、ヴェーサーリーへの途すがらも考へられた。それがアンバパーリー苑に次すると劈頭に說かれたのである。が聞き得たものは無かつた。

あむもらの花の外には松はかり

＊著者による追記

彼の釋尊の一抹の气の搖ぎは amataṃ samādhi の解消端的の動搖不安である。此の不安である點では一般 domanassa と其の本質に於いては變りはないのである。唯其の動搖の動機が原因的に見て一般の不安と天地の相違であるだけである。それ故に又混同され易い所以でもある。

第三者的に言へば此の場合の釋尊の言としての loke abhijjhā-domanassa は他日 Cāpāla に於いて完全に解消し去つた故に āyu-saṃkhāra と

sampajāno し得た所のものであつたのである。従つて假令それが如何なる堅固の samādhi であるにしても依然生死に關する限りに於いては本質的同じ domanassa たるを免れなかつたものであつたのである。

それであるから其の途を儘されたときに自《おのずか》ら解消せざるを得なかった所以である。従つて如何なる yoga-jhāna samādhi と雖も其の本質は依然生に對する執持であることも明かとなつたわけである。

Assosi kho Ambapālī gaṇikā 'Bhagavā kira Vesāliyaṃ anuppatto Vesāliyaṃ viharati mayhaṃ amba-vane' ti. Atha kho Ambapālī gaṇikā bhaddāni bhaddāni yānāni yojāpetvā, bhaddaṃ yānaṃ abhirūhitvā bhaddehi bhaddehi yānehi Vesāliyā niyyāsi, yena sako ārāmo tena pāyāsi. Yāvatikā yānassa bhūmi yānena gantvā yānā paccorohitvā pattikā va yena Bhagavā ten' upasaṃkami, upasaṃkamitvā Bhagavantaṃ abhivādetvā ekamantaṃ nisīdi. Ekamantaṃ nisinnaṃ kho Ambapāliṃ gaṇikaṃ Bhagavā dhammiyā kathāya sandassesi samādapesi samuttejesi sampahaṃsesi.

Atha kho Ambapāli-gaṇikā Bhagavatā dhammiyā kathāya sandassitā samādapitā samuttejitā sampahaṃsitā Bhagavantaṃ etad avoca :

'Adhivāsetu me bhante Bhagavā svātanāya bhattaṃ saddhiṃ bhikkhu-saṃghenâti. '

Adhivāsesi Bhagavā tuṇhi-bhāvena. Atha kho Ambapāli-gaṇikā Bhagavato adhivāsanaṃ viditvā uṭṭhāy' āsanā Bhagavantaṃ abhivādetvā padakkhiṇaṃ katvā pakkāmi. (II. 14)

（和譯）時に妓アンバパーリーは世尊がヴェーサーリーに到着され、自分の菴羅《あんもら》苑に次されたと聞いて、車を装ひ供乗物《ともののり》を連ねてヴェーサーリーを出で自苑に向つた。下乗の処で乗物を降り徒歩で世尊の許に參り恭しく對座した。暫し法話あつて後、妓アンバパーリーは心から世尊に「世尊、明日のお齋《とき》の供御《くご》をお受け戴きたう御座います。比丘衆の方々も御一緒に」と申上げた。

世尊は頷《うなず》かれた。そこで妓アンバパーリーは世尊の領納を知つて座を起ち、恭しく右繞して罷り出た。（二、一四）

Assosuṃ kho Vesālikā Licchavī 'Bhagavā kira Vesāliṃ anuppatto Vesāliyaṃ viharati Ambapāli-vane' ti. Atha kho te Licchavī bhaddāni bhaddāni yānāni yojāpetvā bhaddaṃ yānaṃ abhirūhitvā bhaddehi bhaddehi yānehi Vesāliyā niyyiṃsu. Tatr' ekacce Licchavī nīlā honti nīla-vaṇṇā nīla-vatthā nīlâlaṅkārā, ekacce Licchavī pītā honti pīta-vaṇṇā pīta-vatthā pītâlaṅkārā, ekacce Licchavī lohitakā honti lohita-vaṇṇā lohita-vatthā lohitâlaṅkārā, ekacce Licchavī odātā honti odāta-vaṇṇā odāta-vatthā odātâlaṅkārā. (II. 15)

（和譯）同じ時、ヴェーサーリーのリッチャヴィ人も世尊がアンバパーリー苑に次されたと聞いて、供揃ひを、或は青に、或は黄に、或は赤に、或は白に裝ひてアンバパーリー苑に向つた。（二、一五）

Atha kho Ambapāli-gaṇikā daharānaṃ daharānaṃ Licchavīnaṃ akkhena akkhaṃ cakkena cakkaṃ yugena yugaṃ paṭivaṭṭesi. Atha kho Licchavī Ambapāliṃ gaṇikaṃ etad avocuṃ :

'Kiñ je Ambapāli daharānaṃ daharānaṃ Licchavīnaṃ akkhena akkhaṃ cakkena cakkaṃ yugena yugaṃ paṭivaṭṭesîti ? '

'Tathā hi pana me ayyaputtā Bhagavā nimantito svātanāya bhattaṃ saddhiṃ bhikkhu-saṃghenâti.'

'Dehi je Ambapāli etaṃ bhattaṃ sata-sahassenâti. '

'Sace pi me ayyaputtā Vesāliṃ sāhāraṃ dassatha evaṃ-mahantaṃ bhattaṃ na dassāmîti.'

Atha kho te Licchavī aṅgulī poṭhesuṃ, 'Jit' amhā vata bho ambakāya, vañcit' amhā vata bho ambakāyâti.'

Atha kho te Licchavī yena Ambapāli-vanaṃ tena pāyiṃsu. (II. 16)

（和譯）偶々、妓アンバパーリーはリッチャヴィの公子等の一行に轂撃《こく》したので、公子等は、「すれちがふさへあるに、轂《こしき》に撃ちあてるとは何事か」と糺した。

「常ならば控へますのでありますが、世尊の明朝《あす》のお齋《とき》に急ぎますので」

「アンバパーリー、其の供御を十萬金で讓れ」

「假令、あなた方がヴェーサーリーの富を下さるとも、此の大切《だいじ》な供御はお讓り致しません」

さう言はれて公子等は指弾《つまはじき》して「やァー、一女子にしてやられた」と言つて、アンバパーリー苑に向つた。（二、一六）

Addasā kho Bhagavā te Licchavī dūrato va āgacchante, disvā bhikkhū āmantesi :

'Yesaṃ bhikkhave bhikkhūnaṃ devā Tāvatiṃsā adiṭṭhā, oloketha bhikkhave Licchavi-parisaṃ, avaloketha bhikkhave Licchavi-parisaṃ, upasaṃharatha bhikkhave Licchavi-parisaṃ Tāvatiṃsa-parisan' ti. (II. 17)

（和譯）かくて世尊はリッチャヴィ人の遙かに來るのを見て比丘等に言はれた。

「比丘衆、お前達の中で未だ切《とう》利《り》天《てん》を見たことのない者はリッチャヴィ衆を見、そしてリッチャヴィ衆を

忉利天衆と觀るがよい」と。（二、一七）

Atha kho te Licchavī yāvatikā yānassa bhūmi yānena gantvā yānā paccorohitvā, pattikā va yena Bhagavā ten' upasaṃkamiṃsu, upasaṃkamitvā Bhagavantaṃ abhivādetvā ekamantaṃ nisīdiṃsu. Ekamantaṃ nisinne kho te Licchavī Bhagavā dhammiyā kathāya sandassesi samādapesi ..... .

Atha kho te Licchavī Bhagavatā dhammiyā kathāya sandassitā samādapitā samuttejitā sampahaṃsitā Bhagavantaṃ etad avocuṃ:

'Adhivāsetu no bhante Bhagavā svātanāya bhattaṃ saddhiṃ bhikkhu-saṃghenâti.'

'Adhivutthaṃ kho me Licchavī svātanāya Ambapāli-gaṇikāya bhattan' ti.

Atha kho te Licchavī aṅgulī poṭhesuṃ: 'Jit' amhā vata bho ambakāya, vañcit' amhā vata bho ambakāyâti.'

Atha kho te Licchavī Bhagavato bhāsitaṃ abhinanditvā anumoditvā uṭṭhāy' āsanā Bhagavantaṃ abhivādetvā padakkhiṇaṃ katvā pakkamiṃsu. (II. 18)

（和譯）かくしてリッチャヴィ人は下乘の処で乘物を降り、徒歩で世尊の許に參り、恭しく對座して、世尊に

「世尊、我々が明朝《あす》の供御を饗し度いと存じます。御受け戴き度い。比丘衆も共に」と申した。

「いやリッチャヴィ衆、明朝《あす》はアンバパーリーの齋を受けることになつてゐる」

さう言はれてリッチャヴィ衆は指彈《つまはじき》して「やァー、一女子にしてやられた」と言つて、座を起ち恭しく右繞して罷り出た。（二、一八）

Atha kho Ambapāli-gaṇikā tassā rattiyā accayena sake ārāme paṇīṭaṃ khādaniyaṃ bhojaniyaṃ paṭiyādāpetvā Bhagavato kālaṃ ārocāpesi : 'Kālo bhante niṭṭhitaṃ bhattan' ti. Atha kho Bhagavā pubbaṇha-samayaṃ nivāsetvā patta-civaraṃ ādāya saddhiṃ bhikkhu-saṃghena yena Ambapāli-gaṇikāya parivesanā ten' upasaṃkami, upasaṃkamitvā paññatte āsane nisīdi. Atha kho Ambapāli-gaṇikā Buddha-pamukhaṃ bhikkhu-saṃghaṃ paṇītena khādaniyena bhojaniyena sahatthā santappesi sampavāresi.

Atha kho Ambapāli-gaṇikā Bhagavantaṃ bhuttāviṃ oṇīta-patta-pāṇiṃ aññataraṃ nīcaṃ āsanaṃ gahetvā ekamantaṃ nisīdi. Ekamantaṃ nisinnā kho Ambapāli-gaṇikā Bhagavantaṃ etad avoca :

'Imâhaṃ bhante ārāmaṃ Buddha-pamukhassa bikkhu-saṃghassa dammîti.'

Paṭiggahesi Bhagavā ārāmaṃ. …… (II. 19)

（和譯）さて、妓アンバパーリーは夜を徹して自莊に於いて、味ひ佳き嚼食《しやくじき》、噉食《たんじき》を調理し畢つて世尊に使を以て「お待ち申し上げて居ります」と申させた。そこで世尊は齋のため三衣一鉢を持して、比丘衆と共にアンバパーリー女の供御の場に至つて設けの席に着かれた。

アンバパーリー女は佛陀を首《はじめ》として比丘衆に手づから心ゆくまで饗應した。

やがて世尊が食終つた時、アンバパーリー女は下座《しも》に着いて、
「世尊、此の莊苑を佛陀の僧團に御寄進致さうと存じますが――」と申上げた。
世尊はそれを受けられた。……　（二、一九）

Atha kho Bhagavā Ambapāli-vane yathâbhirantaṃ viharitvā āyasmantaṃ Ānandaṃ āmantesi :

'Āyām' Ānanda yena Beluva-gāmako ten' upasaṃkamissāmâti.'

'Evaṃ bhante' ti kho āyasmā Ānando Bhagavato paccassosi. Atha kho Bhagavā mahatā bhikkhu-saṃghena saddhiṃ yena Beluva-gāmako tad avasari. Tatra sudaṃ Bhagavā Beluva-gāmake viharati. (II. 21)

（和譯）かくして世尊はアンバパーリー苑の事濟みてアーナンダに「さてアーナンダ、ベールヴァ村に行く」と言はれた。「唯然、世尊」とアーナンダは世尊にお應へした。そこで世尊は比丘衆と共にベールヴァ村に向つて發たれ、やがてベールヴァ村に次された。（二、二一）

Tatra kho Bhagavā bhikkhū āmantesi :

'Etha tumhe bhikkhave, samantā Vesāliṃ yathā-mittaṃ yathā-sandiṭṭhaṃ yathā-sambhattaṃ vassaṃ upetha, ahaṃ pana idh' eva Beluva-gāmake vassaṃ upagacchāmîti.'

'Evaṃ bhante' ti kho te bhikkhū Bhagavato paṭissutvā samantā Vesāliṃ yathā-mittaṃ yathā-sandiṭṭhaṃ yathā-sambhattaṃ vassaṃ upagañchuṃ, Bhagavā pana tatth' eva Beluva-gāmake vassaṃ upagañchi. (II. 22)

（和譯）其処に於いて世尊は比丘等に

「さて、お前達はヴェーサーリーの周圍で知己縁故に依って各自雨安居に入りなさい。わしはわしで此のベールヴァ村で雨安居に入るつもりだ」と言はれた。

「唯然、世尊」と比丘等はお應へして、ヴェーサーリーの周圍で知己縁故に依つて各自雨安居に入り、世尊は其のままベールヴァ村で雨安居に入られた。（二、二二）

Atha kho Bhagavato vassûpagatassa kharo ābādho uppajji, bāḷhā vedanā vattanti māraṇantikā. Tā sudaṃ Bhagavā **sato sampajāno** adhivāseti avihaññamāno.

Atha kho Bhagavato etad ahosi : ‘Na kho me taṃ patirūpaṃ yo ’haṃ anāmantetvā upaṭṭhāke anapaloketvā bhikkhu-saṃghaṃ parinibbāyeyyaṃ. Yan nunâhaṃ imaṃ ābādhaṃ viriyena paṭippaṇāmetvā jīvita-saṃkhāraṃ adhiṭṭhāya vihareyyan ’ti.

Atha kho Bhagavā taṃ ābādhaṃ viriyena paṭippaṇāmetvā jīvita-saṃkhāraṃ adhiṭṭhāya vihāsi. Atha kho Bhagavato so ābādho paṭippassambhi. (II. 23)

（和譯）世尊は雨安居に入られると重い病に罹られて、瀕死の苦しみを繰り返へされた。其れにも關らず世尊は**克く觀念して平靜に**此の苦しみを過された。

其の折、世尊はかう考へられた。「侍者にも告げず、比丘衆にも告別せずして般涅槃せんことは吾れに適しからず。吾れ今此の病を努めて退治し、生命力に由つて過さん」と。

かくして世尊の病は稍治るに至つた。 (二、二三)

参考譯

(漢譯)……佛與阿難俱。至竹芳聚。身皆大痛。欲般泥洹。佛自念。諸比丘皆去。我獨般泥洹。不事無教戒。(佛般泥洹經)

……佛獨與阿難俱。到衛沙聚。是時佛身疾。擧軀皆痛。佛念痛甚。而弟子皆不在。當須衆來。乃取泥洹。宜爲是疾自力精神。以受不念衆想之定。卽如其像**正受三昧思惟**。**不念衆想之定**。以是忍意。而自得聞。(般泥洹經)

……佛與阿難獨留。於後夏安居中。佛身疾生。擧體皆痛。佛自念言。我今疾生擧身痛甚。而諸弟子悉皆不在。若取涅槃卽非我宜。今當精勤自力以留壽命。(遊行經)

(獨譯) Da hat nun den Erhabenen während der Regenszeit eine heftige Krankheit befallen, starke Schmerzen stellen sich ein, lebensgefährliche. Die hat denn der Erhabene klar und wohlbewußt erduldet, ohne sich verstören zu lassen.

Da sagte sich nun der Erhabene : 'Das kommt mir nicht zu, daß ich, ohne die Nahestehenden verständigt, ohne die Jüngerschaft bedeutet zu haben, zur Erlöschung einginge; wie, wenn ich nun diese Krankheit durch

Kraft von mir abwendete und auf den Lebensgedanken gestützt verbliebe ? '……(K. E. Neumann)

（英譯）Now when the Exalted One has thus entered upon the rainy season, there fell upon him a dire sickness, and sharp pains came upon him, even unto death. But the Exalted One, mindful and selfpossessed, bore them without complaint. …… (Rhys Davids)

ベールヴァガーマカの釋尊疾病

釋尊がヴェーサーリーのアンバパーリー苑に次してゐる時分に、大分雨期が近くなつて來たので矢張ヴェーサーリー近郊であるベールヴァの小村に移つた。それには釋尊に一つの心づもりがあつたのである。

近來自分に一つの問題となり出したあの一抹の气の搖ぎ、それについて方々《かたがた》ナーランダーで舍利弗に會つたのが大きな轉機となつて、それ以來何かにつけ折々に考へさせられして次第に工夫が成つた新奇の觀方といふか、も少し詳しく云へば自分の當面の此の气の搖ぎを省《み》、そして同時に其の心情の狀態の眞相が甄綜され甄明となると考へられるやうになつた、從來の jhāna とは異る新奇の觀方、それを差し當つて sato sampajāno と稱んで先づ比丘等に披露して促して置いたわけであつたが、それを此の雨安居《うあんご》を機に十分實脩實證することを期したので、出來るだけ諸縁に疎遠するために特に此のベールヴァのやうな小村を擇んで自分だけ此処で雨安居に入り、他の一行の比丘等にはヴェーサーリーを中心としてそれぞれ縁故に依つて安居に入るやうにしたのであつた。

意外にも雨安居に入ると間もなく釋尊は疾《やまひつ》いて、それが急速に大患の容態を呈して來て、はては消え入るかと想ふ程に患《なや》んだ。併、釋尊はそれに患《なや》まされることなく心气を鎭めて、此の病を省察《せいさつ》するやうな自分の態度に气ついた。これはもつと根が深い、かいなでの單なる身の病ではなく、何か豫想しない大きな變化の前兆であるやうな豫感がする。さう云へばあのガヤー成道の苦行末期の狀態に一脈通ずるやうなものを感ずるが、今度のは何かそれにも勝るものゝやうである。此の患《なや》みの奥に何ものかゞ輕減してゐるやうな事實が省られるやうである。恐らくこれは最早已に今度豫定した sato sampajāno の實脩實踐が初つてゐるのではあるまいか。さうとすればこれは心の病と觀るよりも、此の心の病の快方に向ふ動きと觀るべきものであらう。それなら此れを病として抑へようとすることは反つて逆ふことになる。このまゝに省察することが眞に當面、眞を養ふ所以でなければならない。餘り騒ぎ立てられては此の sato sampajāno の妨げになる。何れにしても此のまゝの經過に委さうと思つて阿難にそのやうに意を含ませて遵養《じゆんよう》を専らにしてゐる。

雨安居や根こそき流す雨の音

Atha kho Bhagavā gilānā vuṭṭhito acira-vuṭṭhito gelaññā vihārā nikkhamma vihāra-pacchāyāyaṃ paññatte āsane nisīdi. Atha kho āyasmā Ānando yena Bhagavā ten' upasaṃkami, upasaṃkamitvā Bhagavantaṃ abhivādetvā ekamantaṃ nisīdi. Ekamantaṃ nisinno kho āyasmā Ānando Bhagavantaṃ etad avoca :

'Diṭṭhā me bhante Bhagavato phāsu, diṭṭhā me bhante Bhagavato khamanīyaṃ. Api hi me bhante madhuraka-jāto viya kāyo, disā pi me na pakkhāyanti, dhammā pi maṃ na paṭibhanti Bhagavato gelaññena, api ca me bhante ahosi kācid eva assāsamattā, "na tāva Bhagavā parinibbāyissati na yāva Bhagavā bhikkhu-saṃghaṃ ārabha kiñcid eva udāharatîti." '（II. 24）

（和譯）世尊は病褥を離れて間も無く、居室を出られて其の軒下の設けの座に着かれた。其の時アーナンダは世尊の許に參り、禮畢つて對坐し、世尊に申し上げた。

「御快方で御機嫌御よろしく御慶び申上げます。あの時は全く力が抜けて途方に暮れ、何の考へも起りませんでした、が、『世尊は比丘サンガ維持に就き何か仰せにならない間は般涅槃なさる筈はない』と考へまして幾らか落ち着けましたやうなわけで御座います」（二、二四）

'Kiṃ pan' Ānanda bhikkhu-saṃgho mayi paccāsiṃsati ? Desito Ānanda mayā dhammo anantaraṃ abāhiram karitvā, na tatth' Ānanda Tathāgatassa dhammesu ācariya-muṭṭhi. Yassa nūna Ānanda evam assa "Ahaṃ bhikkhu-saṃghaṃ pariharissāmîti " vā " Mam' uddesiko bhikkhu-saṃgho" ti vā, so nūna Ānanda bhikkhu-saṃghaṃ ārabbha kiñcid eva udāhareyya. Tathāgatassa kho Ānanda na evaṃ hoti "Ahaṃ bhikkhu-saṃghaṃ pariharissāmîti " vā "Mam' uddesiko bhikkhu-saṃgho" ti vā. Kiṃ Ānanda Tathāgato bhikkhu-saṃghaṃ ārabbha kiñcid eva udāharissati ? Ahaṃ kho pan' Ānanda etarahi jiṇṇo vuddho mahallako addha-gato vayo anuppatto, asītiko me vayo vattati.…… (II. 25)

（和譯）「では何か、比丘サンガは此の上わしから何を聽かうといふのか。アーナンダ、お前も知つてゐる通り、わしは裏表なく何事も說き明かして來た。わしには祕密の法など無い。『比丘サンガを牧さう』とか、或は『比丘サンガは吾れに歸してゐる』とか考へる者なら、比丘サンガ維持に就き何らか宣示する所あるであらう。わしにはそんな考へは無い。そんな宣示のやうなものが有らう筈は無いではないか。況して、わしももう年を經て老境に入り、八十にもなつた。（二、二五）

'Tasmāt ih' Ānanda atta-dīpā viharatha atta-saraṇā anañña-saraṇā, dhamma-dīpā dhamma-saraṇā anañña-saraṇā.

'Kathañ c' Ānanda bhikkhu atta-dīpo viharati atta-saraṇo anañña-saraṇo, dhamma-dīpo dhamma-saraṇo anañña-saraṇo ?

'Idh' Ānanda bhikkhu kāye kāyânupassī viharati ātāpī sampajāno satimā vineyya loke abhijjhā-domanassaṃ, vedanāsu……pe……citte……pe……, dhammesu dhammânupassī viharati ātāpī sampajāno satimā vineyya loke abhijjhā-domanassaṃ, evaṃ kho Ānanda bhikkhu atta-dīpo viharati atta-saraṇo anañña-saraṇo, dhamma-dīpo dhamma-saraṇo anañña-saraṇo. (II. 26)

（和譯）「さういふ次第であるから、自智を以て各自の依処《いしょ》とし、其の他を依処としてはならない。正智を以て正しい依処とし、其の他を依処としてはならない。

どうすれば比丘たる者はさう有り得るか。

色身に就いて考へるには甄明な智識を以て内省して凝思世間の不安についての所欲を削除すべく、ヴェーダナーに就いても、チッタに就いても、ダンマに就いても亦考へるには甄明な智識を以て内省して凝思世間の不安についての所欲を削除すべきである。それこそ正さに比丘が自智を以て各自の依処とし、其の他を依処とせず、正智を以て正しい依処とし、其の他を依処としないといふことなのである」

（二、二六）

参考譯

（漢譯）　我今都爲作錠令自歸。爲法教錠令法自歸。彼何謂錠。何謂自歸。謂是專心在四志惟。一惟觀身。

二惟觀痛。三惟觀意。四惟觀法。健制思念。斷不使想。是爲一切作法教錠。當以自歸。(般泥洹經)

是故阿難。當自熾燃熾燃於法。勿他熾燃。當自歸依。歸依於法勿他歸依。……阿難。比丘觀内心精勤無懈。憶念不忘除世貪憂。觀外身觀内外身。精勤不懈。憶念不忘除世貪憂。受意法觀亦復如是。是謂阿難自熾燃。熾燃於法……(遊行經)

(獨譯) Darum aber, Ānando, wahrt euch selber als Leuchte, selber als Zuflucht, ohne andere Zuflucht, die Lehre als Leuchte, die Lehre als Zuflucht, ohne andere Zuflucht. ……(K. E. Neumann)

(英譯) 'Therefore, O Ānanda, be ye lamps unto yourselves. Be ye a refuge to yourselves. Betake yourselves to no external refuge. Hold fast to the Truth as a lamp. Hold fast as a refuge to the Truth. Look not for refuge to any one besides yourselves. And how, Ānanda, is a brother to be a lamp unto himself, a refuge to himself, betaking himself to no external refuge, holding fast to the Truth as a lamp, holding fast as a refuge to the Truth, looking not for refuge to any one besides himself ? '

'Herein, O mendicants, a brother continues, as to the body, so to look upon the body that he remains strenuous, self-possessed, and mindful, having overcome both the hankering and the dejection common in the world. [And in the same way] as to feelings……moods……ideas, he continues so to look upon each that he remains strenuous, self-possessed, and mindful, having overcome both the hankering and the dejection common in the world.' (Rhys Davids)

快方、atta-dīpa の訓戒

其の内に長い雨期も過ぎて、最早雨期明けになつた。釋尊は彼の遵養《じゅんよう》時晦《じかい》のまゝに過して病勢も豫後の通り順調にはかどつた。其の或る天气の良い日に家の内から出て軒の日蔭に座を占めて外气に觸れてゐた。

其処に阿難が來て病气回復の慶を述べて、此の度は實に大變で御座いました。それをよくおしのびなされたものです。當時の事を思ひますと今も猶驚嘆致すばかりで御座います。

いや病を凌いで耐へたといふのではない。あれがわしの此の頃言つた sato sampajāno なのだよ。

さやうで御座いますか、併私は一時どうなるかと思ひまして、あたりがまつ暗になつて、からだの力が抜けてしまひますやうな思で御座いました。其の時、不圖、尊師は此のままにおなりになる筈がない。まだ後々のサンガ維持について何ごともおほせがないのだからと思ひまして、少し安堵出來るやうになりましたやうな次第で御座います。

釋尊は阿難の言葉を聞いて今更に驚きを新たにしたのである。比丘等は依然もとのまゝで少しの進歩向上もない。此の大切の雨安居を何をして過して來たのか、眼前の阿難と云ひ、他の故老と云ひ、自分が此の程注意した sato sampajāno について實脩した趣も觀られない。依然自分に依りかゝつてる態度が更つてゐない。甚だ遺憾なことゝ思ふにつけ、つい訓戒となつて、さうすると、何か、お前達比丘等は今になつてもなほ此の上にわしから何を聞かうと期待してゐるのかね。わしはこれ迄も自分の知つた限りは凡て皆に話してゐる。この間もアンバパーリー苑で自分の工夫で得た sato sampajāno についても直ぐと話したではないか。これは今のわしに取つてぎりぎりのことで、これは全く間違ないと思つてゐる。わしももう八十になつた。いつまでわしに頼つてゐられるものではない。各自自分のことは自分の甄明が、自分の頼りとなるよりないのだ。それが唯一つの正しい方法でそれ以外にはないのだ、そして此の態度がわしの言ふ sato sampajāno なのだ。それに勤めればわしと同じなのだからいつまでもわしに頼ることもない、と云ひながら全く困つたものだと思つて後は黙つてしまつた。

病み上がり稔りの秋のむし暑き

Sato sampajāno 遵養

其の後釋尊は躰軀《からだ》が力づいて來て健康が回復するを待つばかりである。が何と云つても八十の老齢のことである。其の回復は壯年の者のやうには果々しくは無い。さうかうしてゐる間に秋も過ぎて初冬になつた。其の初冬も過ぎて中冬にかゝつて來た。

其の間も、釋尊の sato sampajāno は健康の回復に伴ふかのやうに、徐々に、精に精を加へて體驗が甄明となつて來るのを覺えるのである。最初の一抹の气として感じたものは、今振り返つて觀れば矢張 pañc' upādāna-khandā の saṃkhārā の anupādāna への轉機であつて、それが漸次體を成して稍《やゝ》甄明になつて來た態《すがた》が此の sato sampajāno と稱するまでになつたのであつた。此の新奇な伸張の勢とこれまでの體驗との矛盾が自ら鎬《しのぎ》をけづることになつたのが此の雨安居に起つた病の根源であるので、其の自らの大勢が定まるにつれ病勢も退治して此の回復を省ることになつた。

それにつけても思ひ出されるのはナーランダーで舍利弗と相《あいみ》たときのあの気迫である。何処か此の sato sampajāno と一脈通ずる所のものがある。此の sato sampajāno の成立も實はあの時以來頓《とみ》に勢を增して來た結果と考へられて來るのであるが、其の同異が未だ十分甄明しない點が殘つてゐる。恐らく此の事が正式に甄明するのは健康の全く回復の曉であらう。其の曉を待つまでも sato sampajāno の精錬に俟つ外は無い。

夜永し冬至俟たるゝ夜明哉

Atha kho Bhagavā pubbaṇha-samayaṃ nivāsetvā patta-cīvaram ādāya Vesāliṃ piṇḍāya pāvisi, Vesāliyaṃ piṇḍāya caritvā pacchābhattaṃ piṇḍāpāta-paṭikkanto āyasmantaṃ Ānandaṃ āmantesi :

'Gaṇhāhi Ānanda nisīdanaṃ. Yena **Cāpālaṃ cetiyaṃ** ten' upasaṃkamissāmi divā-vihārāyâti.'

'Evaṃ bhante' ti kho āyasmā Ānando Bhagavato paṭissutvā nisīdanaṃ ādāya Bhagavantaṃ piṭṭhito piṭṭhito anubandhi. (III. 1)

（和譯）かくて世尊は或る朝三衣一鉢を持して、ヴェーサーリーに乞食に行かれ、行乞し畢つて歸來終食の後、アーナンダに「アーナンダ、座具を用意するやうに。**チャーパーラ・チャイチャ**に行く。其処で今日一日過す」と言はれた。

「唯然、世尊」とアーナンダはお應へして、座具を用意し、鞠躬如として世尊に附き從つて行つた。（三、一）

參考譯

（漢譯）佛還維耶梨國。入城持鉢行分衛（＝乞食）。（佛般泥洹經）

佛請賢者阿難。俱至維耶離。受教卽行。既到止猨猴館。行乞食畢。滌鉢澡洗。又與阿難俱。到急疾**神地**。（般泥洹經）

佛告阿難。俱至**遮婆羅塔**。對曰。唯然。如來即起。著衣持鉢。（遊行經）

爾時世尊。而與阿難。於晨朝時。著衣持鉢。入城乞食。還歸所止。食竟洗漱。收攝衣鉢。告阿難言。汝可取我尼師壇來。吾今當往**遮婆羅支提**。入定思惟。作此言已。即與阿難俱往彼處。（大般涅槃經）

（獨譯）……“Versieh' dich, Ānando, mit der Sitzmatte: nach dem **Pāvāler Baumfrieden**, da wollen wir uns hinbegeben, bis gegen Abend dort verweilen.”

“Wohl, O Herr,” sagte da gehorsam der ehrwürdige Ānando zum Erhabenen ; und er versah sich mit der Sitzmatte und ging, dem Erhabenen rückwärts immer folgend, nach. (K. E. Neumann)

（英譯）Now the Exalted One robed himself early in the morning, and taking his bowl in the robe, went into Vesālī for alms. When, after he had returned from the round for alms, he had finished eating the rice, he addressed the venerable Ānanda, and said : — ‘Take up the mat, Ānanda ; I will go and spend the day at the Chāpāla Shrine.’

‘So be it, lord ! ’ said the venerable Ānanda, in assent, to the Exalted One. And taking up the mat he followed step for step behind the Exalted One. (Rhys Davids)

チャーパーラ・チャイチャ途上

待ちに待つてゐた健康もどうやら全く回復したと思はれるので、先づ試に久しぶりでヴェーサーリーの街に行乞に出て見た。朝ぼらけの气もさはやかに覺えて家々のあさげの烟もものめづらしく見られる。心ゆくばかり托鉢を終へて、それで朝餉をすまして、暫く休憩の後阿難に云つた。チャーパーラ・チャイチャに行く、今日は一日其処で過ごすつもりであるから敷物座具を準備するやうに、とて支度備《ととの》つていでたつ。阿難は其の後に影のやうに鞠《きく》躬《きゆう》如《じよ》として隨從する。

釋尊は今日のチャーパーラ・チャイチャで sato sampajāno の精極つて、ナーランダー以來のあの舍利弗の捉らへやうのない言葉の不思議な气迫と自分との何等かの間隔が消え失せて、甄明になるやうな豫感の頻なのを覺えて、自ら意气の軒昂たるものがある。

釋尊がアンバパーリー苑で訓へた sato sampajāno と稱するものも、一口に言へば又一種の觀方に外ならないことは言ふまでもないし、其の觀方の實際も從來の五蘊無常の禪觀であることはアンバパーリー苑の訓話に觀取される所であるが、唯問題は其の五蘊禪觀を特に更めて sato sampajāno と稱び變へた所以なのである。ガヤー以來の釋尊の五蘊無常の禪觀は謂はゞ意志的であつたのであるが、此の sato sampajāno と特に稱び變へざるを得なくなつた禪觀は意志的ではないことに气附いたからである。等しく五蘊無常の禪觀ではある此の sato sampajāno は自ら内から憤悱《ふんぴ》し啓發し來るものであるからであつたのである。此の轉機の幾敚は已に已に舍利弗引退後に初つたのであつて、其の故の鷂峯の山籠りとなつたことは已に述べた通りで、其の時は釋尊の主觀に從つて唯一抹の气と呼んで置いたものである。それが舍利弗の言に啓發し來て sato sampajāno と稱ぶまでに成つたのである。

併かかる稱呼を成すまでに成つたとは云へ、其の此の様な體驗の啓發は釋尊も未知なものであり、體驗其のものもまだ完全と稱するまでの十分な發達成熟には達してゐないのであるから、釋尊と雖アンバパーリー苑の訓話は其の未熟程度のものであつた。從つて條暢《じょうちょう》の气は認められるにしてもまだ十分な條達のものではない。況してそれを傳へたものは、遂に其の體驗的には釋尊に追隨し得なかった故老比丘等を因襲し、歪曲した涅槃思想者の編述である。今茲で其れを吾々の vaya-dhammā saṃkhārā 實脩の實證としての sato sampajāno が叙するに任せるのである。

釋尊は五蘊無常の禪觀を凝《こら》すとき、其の間に不安の气の動くのを气附くやうになつた。これをガヤー正覺以來潛んで居つた元品の生死無常の不安であるとまでは判明し得たのであるが、amataṃ samādhi 其のもの〻動搖とまでは甄明になつてゐない程度の所なのである。民族性傳統とも云ふべき此の amata-samādhi 其のものに動搖不安があるなどとはまた思ひも及ばなかつた。此処にナーランダーの舎利弗との間隔の事實が伏在してゐるのであった。

さすがの釋尊も禪觀の動機に生死不安の気を省ながらも、さすがにその不死の禪定が生死不安の晶果であるとはまだ甄明になるまでに到達してゐないのではあるが、今や其の直前にまで sato sampajāno 成熟の機が迫りつつある。

待宵のゆうへは明けて今日の月

Atha kho Bhagavā yena Chāpālaṃ cetiyaṃ ten' upasaṃkami, upasaṃkamitvā paññatte āsane nisīdi. Āyasmā pi kho Ānando Bhagavantaṃ abhivādetvā ekamantaṃ nisīdi.…… (III. 2)

Atha kho Bhagavā āyasmantaṃ Ānandaṃ āmantesi : 'Gaccha tvaṃ Ānanda, yassa dāni kālaṃ maññasîti.'

'Evaṃ bhante' ti kho āyasmā Ānando Bhagavato paṭissutvā uṭṭhāy' āsanā Bhagavantaṃ abhivādetvā padakkhiṇaṃ katvā avidūre aññatarasmiṃ rukkha-mūle nisīdi. (III. 6)

（和譯）世尊はチャーパーラ・チャイチャに到り、設けの座に着かれた。アーナンダも亦禮拜して對座した。……（三、二）

其の時世尊はアーナンダに「退ってよろしい」と言はれた。

「唯然、世尊」とアーナンダはお應へして座を起ち、恭しく右繞して程遠からぬ一樹の下に坐した。

（三、六）

參考譯

（漢譯）還止**急疾神樹**下露坐。思惟生死之事。阿難不遠在一樹下。思惟陰房之事。（佛般泥洹經）

佛言阿難。汝去到一樹下。靜意自思。卽受教一處坐。（般泥洹經）

詣一樹下告阿難。敷坐。吾患背痛欲於此止。對曰。唯然。尋卽敷座。如來坐已。阿難敷一小座於佛前坐。

……是時阿難承佛意旨。即從座起禮佛而去。去佛不遠在一樹下靜意思惟。(遊行經)

既至彼處。阿難即便敷尼師壇。於是世尊結跏趺坐寂然思惟。阿難爾時去佛不遠。亦於別處。端坐入定。

(大般涅槃經)

チャーパーラ・チャイチャ正観　sato sampajāno

釋尊はチャーパーラの神樹の下の設けの席に即き、阿難をさがらせて、禪觀に入る。

云ふまでもなく五蘊無常の禪觀である。此れはガヤー成道の禪觀で、爾來全く疑ふ餘地のなかつたものであり、從つて爾後次第に勤めるといふまでもなく常習のやうになり、それにつれて不死禪定の體驗も常態のやうになつてゐたのであつたが、舍利弗引退の頃から不圖心にかすかな動搖を覺えることが始つて以來次第に気に懸るやうになつたので、鷄峯に引き籠つてそのことを究め退治しようとしたのであつたが、それも果さず、方々舍利弗に會ふことになつた際其の言葉の气迫に心を撃つものを感じて以來、其の動搖不安がまさつてコーティガーマの述懷とまでなつた。其れ以來はそれにつれて五蘊無常の禪觀の衝動を覺えるやうになつた。これを遂にloke abhijjhā-domanassaと捉へて、其れをガヤー成道時に猶深く潛んでゐたものが漸く發動し來たのであると解して、勤めて内省を仔細にして排除し盡さねばならぬと考へてsato sampajānoを說き訓へたのであつて、あのベールヴァの雨安居中の病中も專ら其の方針で過したのであつた。從つて今チャーパーラの釋尊の禪觀打座も此れに外ならなかつたのである。

處が今日の禪觀に先づ例《いつも》の禪幾衝動を少しも覺えないのを意識した。此れは豫ねて期待した所でもあつたのであるが、余り突然なのに些か驚きながらも滿足を感じ、これでloke abhijjhā-domanassaが無くなつて不死禪定も純粹になつたと思つたら、其の不死禪定が搔き消したやうに意識されなくなつたに驚いた。其の時同時に舍利弗から受けた气迫も全く感じなくなつた、ばかりでなく其の气迫の奧に感じた气韻とでもいふやうなものが今の自分にひたと合ふのを覺える。一體あの迫力は何であつたらうか、爾の後も時折不審にはなつたが、かうなつて見て考へられることは、あの迫力は舍利弗からのものではなく、自分の定力の所以であつたに違ひない。不死の禪定が消えた今始めてあの迫力も消え、そして舍利弗の气韻と一致を覺えてゐる。此の一致する所のものに自然抵抗する關係となつたのが不死の定力であつたのを迫力と考へ做《な》したわけであつたのだ。あれ以來も其の事を思ふとき定力とか、何らか力とは考へられない節には气附いたこともあつた、なる程气韻に迫力などあらう筈はない。自分の定力の抵抗とは心附かなかつた。おゝ！此の不死禪定こそ禪觀衝動の生死不安の生の執着に外ならなかつたのである。これは又ガヤー成道の ātman 消失と克似してゐる。ātman も必竟不死 amata のための我執の施設した viññāṇa に外ならなかつた。又此の amata も再生を厭つた生の執着がヴェーダ以來求め求め來たあの brāhmaṇa の sarvam āyur eti と作爲した viññāṇa に外ならなかつたのだ。それが又 samādhi とまで克くも堪能《たんのう》したものだ。それも生の執着 saṃkhārā とは思ひ及ばなかつた。これ程根深い sato-saṃkhārā には到底思量所理の及ぶ所ではない。思量と云へばそれもこれも凡て saṃkhārā である以上、凡ての人間の saṃkhārā は一般にはこの様な根深い生の執着の saṃkhārā の司配の下にあるので、それを免れることは出來なかつたわけである。それが到頭 'sarvam āyur eti' にまで發達した。其の不死禪定が消え失せたといふことは正さに此の āyu-saṃkhāra の其の作用の力の消滅した事實に外ならない。

　茲で始めて眞に sato-sapajāno が完成したことになる。人類の一切凡ての sato それは凡て āyu-saṃkhāra であつた。其の能力が機至つて消滅したことの sampajāna である。

　おゝ！舍利弗のあの pasanna, abhiññā は此の五蘊無常の透徹の sato sampajāno であつたのだ。彼れの dhammanvayo vidito も此の sato sampajāno であつた。此の sato sampajāno の完成が即ち āyu-saṃkhāro ossaṭṭho であり、此の āyu-saṃkhāro ossaṭṭho の saṃkhārā こそ正さに vaya-dhammā saṃkhārā と稱すべき性能である。これは取りも直さず sato sampajāno 完成の機能である。これを舍利弗が dhammanvayo vidito と言つたに外ならなかつたのである。

併、舍利弗は克くも此処まで徹したものだ。おゝ！ それこそ五蘊無常禪觀の透徹であつたのだ。それ故にこそ彼れは吾が五蘊觀について大膽な獅子吼をなした所以である。必竟事の玆に至つた所以は五蘊無常觀の透徹に歸される。自分とてもさうではあるが然かも舍利弗に後れた所以を思ふに、不死三昧に安んじたことが彼れより强かつた故であらう。それに反して彼れは不死に安んじようために一向五蘊無常の禪觀を凝らした結果であつたに相違ない。

五蘊無常觀の透徹は vaya-dhammā saṃkhārā であり、vaya-dhammā saṃkhārā こそ sato sampajāno の完成完了であつた。アンバパーリー苑で比丘等に說いたのは此の完成の途上のものであり、自分の誤解を混じたものであるから彼れ等も誤解し易い。sato sampajāno を說くより vaya-dhammā saṃkhārā 此の一事を一意說くべきだ。それにはマハーヴァナに行かう、と阿難を呼んだ。

病　癒　え　て　し　は　す　の　月　の　さ　え　さ　え　と

チャーパーラ・チャイチャ āyu-saṃkhāro ossaṭṭho の資料

'Idān' eva kho Ānanda ajja Cāpāle cetiye Tathāgatena **satena sampajānena āyu-saṃkhāro ossaṭṭho** ' ti. (III. 37)

（和譯）「アーナンダ、今日チャーパーラ・チャイチャに於いて、今、實に **āyu-saṃkhāro ossaṭṭho（アーユ・サンカーラが既《き》竭《けつ》した）の體驗を得た**」（三、三七）

参考譯

（漢譯）佛告阿難。是以**棄壽命**。（佛般泥洹經）……佛卽正坐。**定意自思。於三昧中。不住性命。棄余壽行。**（般泥洹經）

於遮婆羅塔。**定意三昧捨命住壽**。（遊行經）……卽便**捨壽**。住命三月。（大般涅槃經）

（獨譯）"Jetzt eben hat, Ānando, heute am Pāvāle Baumfrieden, der Vollendete **klar und wohlbewußt den Dauergedanken entlassen.** " (K. E. Neumann)

Nachdem er ……, **entäußert sich** Buddha **in besonnener Bewußtheit (sato sampajāno) der als Ursache des physischen Lebens in ihm wirkenden Seelenkraft (jīvitasaṃkhāra)**. (H. Beckh)

（英譯）'And now again, Ānanda, the Tathāgata has today at Chāpāla's Shrine **consciously and deliberately rejected the rest of his alloted term of life(1)** ;'

(1) Āyu-saṃkhāraṃ ossaji : The difficult term āyu-saṃkhāra must here have the meaning in which it is used at Majjhima I, pp. 295, 296; Saṃyutta II, 266; Jātaka IV, 215. He renounced those tendencies, potentialities, which in the ordinary course of things, would otherwise have led to the putting together of, the building up of, more life (that is, of course, in this birth. Any more life in a future birth he had already renounced when, under the Wisdom Tree, he attained Nirvāṇa.) (Rhys Davids)

Evaṃ vutte āyasmā Ānando Bhagavantaṃ etad avoca : 'Tiṭṭhatu bhante Bhagavā kappaṃ, tiṭṭhatu Sugato kappaṃ, bahujana-hitāya bahujana-sukhāya lokânukampāya atthāya hitāya sukhāya deva-manussānan 'ti.

'Alaṃ dāni Ānanda, mā Tathāgataṃ yāci, akālo dāni Ānanda Tathāgataṃ yācanāyâti.' (III. 38)

（和譯）此の詞を聽いてアーナンダは世尊に申上げた。

「世尊、尚久しく御住《とどま》り下さるやう御願ひ致します。衆生の、世間の、人天の利益のために」

「いや、無用だ。アーナンダ、わしにそのやうなことを懇請するものではない。今はもう、そのやうなことをわしに懇請する時ではなくなつたのだ」（三、三八）

参考訳

（独訳）Nach diesen Worten sprach der ehrwürdige Ānando den Erhabenen also an :

“Bestehen, o Herr, möge der Erhabene das Welt-alter durch, bestehen möge der Willkommene das Weltalter durch, vielen zum Wohle, vielen zum Heile, aus Erbarmen zur Welt, zum Nutzen, Wohle und Heile für Götter und Menschen ! ”

“Lass' es gut sein, Ānando, bitte nicht den Vollendeten, die Zeit ist vorbei, Ānando, den Vollendeten zu bitten. ”　(K. E. Neumann)

（英訳）And when he had thus spoken the venerable Ānanda addressed the Exalted One, and said : — 'Vouchsafe, lord, to remain during the aeon : live on through the Kalpa, O Exalted One ! for the good and happiness of the great multitudes, out of pity for the world, for the good and the gain and the weal of gods and men ! '

‘Enough now, Ānanda, beseech not the Tathagata ! ’ was the reply. ‘The time for making such request is passed.’　(Rhys Davids)

‘Na nu evaṃ Ānanda mayā paṭigacc’ eva akkhātaṃ, sabbeh’ eva piyehi manāpehi nānā-bhāvo vinā-bhāvo aññathā-bhāvo ? Taṃ kut’ ettha Ānanda labbhā ? Yaṃ taṃ jātaṃ bhūtaṃ saṅkhataṃ paloka-dhammaṃ taṃ vata mā palujjîti n' etaṃ ṭhānam vijjhati.……

'Āyām' Ānanda yena Mahā-vanaṃ Kūṭâgāra-sālā ten' upasaṃkamissāmâti.'

'Evaṃ bhante' ti kho āyasmā Ānando Bhagavato paccassosi. (III. 48)

(和譯)「アーナンダ、凡そ相愛する者と雖、生も死も其の処を異にするものであると屢々言ひ聞かしたではないか。されば生成《せいせい》破壊《はえ》のものにして滅しない、といふことがどうして有り得ようか。そのやうなことの拠《よりどころ》は無い。……」

「さア！ アーナンダ、マハーヴァナの衆堂に行かう」

「唯然、世尊」とアーナンダはお應へした。(三、四八)

（二）巴利經典相應部及び中部に於ける āyu-saṃkhāra の用例

yathā ca bhikkhave tassa purisassa javo ‖ tato sīghataram āyu-saṃkhārā khīyanti ‖

(S. II Opamma-saṃyutta 6. 6)

「比丘達、彼の人（四人の熟練の弓術師が四方に放った矢を其れが未だ地に落ちない間に捉へ得る程の人）の迅速なるよりも、更に āyu-saṃkhārā は迅速に消滅するものである」（相應部）

Na kho āvuso te va āyu-saṃkhārā te vedaniyā dhammā. ……

Yvāyaṃ āvuso mato kāla-kato, tassa kāya-saṃkhārā niruddhā paṭippassaddhā, vacī-saṃkhārā niruddhā paṭippassaddhā, citta-saṃkhārā niruddhā paṭippassaddhā, āyu-parikkhīṇo, usmā vūpasantā, indriyāni viparibhinnāni ; yo câyaṃ bhikkhu saññavedayita-nirodhaṃ samāpanno, tassa pi kāya-saṃkhārā niruddhā paṭippassaddhā, vacī-saṃkhārā niruddhā paṭippassaddhā, citta-saṃkhārā niruddhā paṭippassaddhā, āyu aparikkhīṇo, usmā avūpasantā, indriyāni vippasannāni. …… : (M. Mahāvedalla-sutta)

〔舍利弗　大拘稀羅《だいくきら》（Mahākoṭṭhito）に曰、〕「壽行（āyu-saṃkhārā）なるものと受に屬するものとは同じでない。……死者には身行、口行、意行が消滅する〔と共に〕壽命（āyu）盡き、煖《ダン》去り、諸根滅す。併し想受滅逮得の比丘には身口意の三行は消滅するが、壽命（āyu）盡きず、煖《ダン》去らず、諸根は寂靜たるのである。……」（中部有明大經）

（二） āyus, amṛita, vayas の印度古典に於ける主な參考資料。

devā́nāṃ bhadrā́ sumatír ṛijūyatā́ṃ devā́nāṃ rātír abhí no ní vartatām |
devā́nāṃ sakhyám úpa sedimā vayáṃ devā́ na **ā́yuḥ prá tirantu jīváse** ‖ 2 ‖ (RV. I. 89.)

（和譯）天寵の至福は正義の士に下る、
天惠吾れ等が內に在り。
諸天の友誼吾れ等は得たり、
吾れ等が**生命《いのち》**諸天**壽《ひさし》からしめたまへ**。

（獨譯）Der Götter Wohlwollen bringt den rechten Wandelnden Glück,
der Götter Gusnt soll bei uns einkehren.
Um der Götter Freundschaft haben wir geworben,
die Götter sollen unsere **Lebensfrist verlängern.** (K. F. Geldner)

ápāma sómam **amṛítā** abhūmā́ganma jyótir ávidāma devā́n |

kíṃ nūnám asmā́n kṛiṇavad árātiḥ kím u dhūrtír **amṛíta** mártasya ‖ 3 ‖ (RV. VIII. 48)

（和譯）吾れ等今、天漿《ソーマ》を飲めり。

吾れ等は**不死**となれるなり。

吾れ等光明に達す、吾れ等神々を見出しぬ。

今や災禍も吾れ等を奈何せん、

人の呪詛《のろひ》何か有らん！　おお、**此の不死**！

dṛiśā́nó rukmá urviyā́ vy ádyaud **durmárṣam ā́yuḥ** śriyé rucānáḥ |

agnír **amṛíto** abhavad **váyobhir** yád enaṃ dyaúr janáyat surétāḥ ‖ 8 ‖ (RV. X. 45)

（和譯）その様黄金のごと、アグニの光

不壞の命の壽ぎに遠く煌めき渡りぬ。

精絶倫の天彼れを産みし時、

命の力滿ち〱て**不死**となりたれば。

annād vā aśanāyā nivartate | pānāt pipāsā śriyai pāpmā jyotiṣas tamo 'mṛitān mṛityur ; ni ha vā asmād etāni sarvāṇi vartante, 'pa **punar-mṛityuṃ jayati sarvam āyur eti** ya evaṃ veda ; **tad etad amṛitam ity evâmutrôpāsītâyur itîha**. prāṇa iti haika upāsate prāṇo 'gniḥ prāṇo 'mṛitam iti vadanto, na tathā vidyād, adhruvaṃ vai tad yad prāṇas ; taṃ te viṣyāmy āyuṣo na madhyād iti hy api yajuṣâbhyuktaṃ, tasmād enad amṛitam ity evâmutrôpāsītâyur itîha ; tatho ha **sarvam āyur eti** ‖ 19 ‖ (ŚBr. X. 2, 6)

（和譯）實に食により饑《うえ》は去り、飲により渇は去り、吉により凶は去り、明により暗は去り、不死により死は去るなり。かく知る者から實に此れ等一切は去り、**彼は再死を剋服して凡べての生命に達す**。斯れ、**彼の世に於ける不死、此の世に於ける生命なり**として信奉すべし。そは生氣なりと信奉する者あり。「生氣は火なり、生氣が不死なり」と説く。されどかくの如きこと有り得んや。生氣なるものは實に堅確を缺くものなり。既にヤヂュール・ヴェーダに曰く、「汝の其れ（絆）を吾れは解く、恰も壽命半ばに絶つ如く」と。（Vāj.S.XII.65）故に此れを彼の世に於ける不死、この世に於ける生命なりとして信奉すべし。かくてぞ人は**凡べての生命《いのち》に達すなる**。

（英譯）……, and he conquers recurring death, and **attains the whole (perfect) life**. And let him hold this to be immortality in yonder world, life here below.……let him there hold it to be immortality in yonder world, and life here below, and thus, he obtains the whole life. (J. Eggerling)

……etad vai manuṣyasy**âmṛitatvaṃ yat sarvaṃ āyur eti** : tatho hânenâtmanā **sarvam āyur eti** ‖ 10 ‖

(ŚBr. IX. 5. 1)

（和譯） 人は**凡べての生命《いのち》に達した時、不死たるのである。** 此の故に人は各自に**凡べての生命《いのち》に達す。**

Sa vā eṣa ātmaiva yat sautrāmaṇī | mana eva……yajamānas tasyâtmêva vediḥ……mukham agnir annam āhutir **vayaḥ saṃsthā** ; tasmāt sautrāmaṇy-ejāno **vaya upagacchati** ‖ 11 ‖ (ŚBr. XII. 9. 1)

（和譯） 實に此のサウトラーマニー（七大犧牲祭の一つ）こそ〔人の〕此の體である。祭主が意である。祭壇が其の軀幹である。……祭火が口である。犧牲が食である。**式完了するのは生命である。** 故に此のサウトラーマニーの犧牲祭を完了する者は**生命を了得す。**

（英譯）Verily the Sautrāmaṇī is this body (of man) : the sacrificer is the mind, ……the vedi (altar-ground) is the trunk,……the fire the mouth, the oblation is food, and concluding rite is life, whence he who has performed the Sautrāmaṇī attains life. (J. Eggerling)

saṃsthā sūktavākaḥ | sa yo ha vai saṃsthā sūktavāka iti vedâva ha saṃsthāṃ runddhe ; 'tha yatikaṃ ca saṃsthāya jayyaṃ sarvaṃ haiva taj jayati, **gacchati vayasaḥ saṃsthām** ‖ 28 ‖ (ŚBr. XI. 2. 7)

（和譯）スークタヴァーカ（讃歌諷誦）が完成である。實にスークタヴァーカが完成であると知る者こそ、完成を得。かくて凡そ完成に依つて得られ得べきもの凡べてが得られ、**生命を了得す。**

（英譯）The Sūktavāka is the completion ; and, verily, whosoever knows the Sūktavāka to be the completion secures for himself the completion ; and whatever is to be gained by the completion all that he now gains : **he obtains the completion of his (full) lifetime.** (J. Eggerling)

（三） **ava-√sṛij(ossaṭṭha の語根）の自動詞的用例。**

ávāsṛijanta jívrayo ná devā́ bhúvaḥ samrā́ṭ indra satyáyoniḥ | (RV. IV. 19. 2)

（和譯）諸天は老い衰へし如く**威光精力失せたり**、

おお！ インドラ、至高の中宮に在す最高の帝王かな！

（獨譯）Dankten die Götter ab wie Greise.

Du, Indra, warst als der Allerherrscher auf dem richtigen Platz. (K. F. Geldner)

Wie Greise sanken matt die Götter nieder, du Indra, warst der Allherr, Segen bringend ;

(H. Grassman)

Abgedankt hatten die Götter wie Greise. (Böhtlingk u. Roth)

（四）毘舎離國（法顯傳）

毗舎離城北、大林重閣精舎佛住處及阿難半身塔。其城裏本菴婆羅女家、爲佛起塔、今故現在。城南三里道西菴婆羅女以園施佛佛住處。佛將般泥洹與諸弟子出毗舎離城西門廻身右轉、顧看毗舎離城告諸弟子、是吾最後所行處。後人於此處起塔。**城西北三里有塔、名放弓杖**。佛於放弓杖塔邊告阿難言、我却後三月、當般泥洹。魔王嬈固阿難、使不得請佛住世。

チャーパーラ・チャイチャ、āyu-saṃkhāro ossaṭṭho.

釋尊は侍者である阿難にだけでも事の次第を話して置かうと思つて、今日チャーパーラ・チャイチャで今 āyu-saṃkhāra が消滅したことがはつきりとした。……それについて……と言はうとするひまもなく、阿難はあわたゞしく口入れて、「人天衆生の利益幸福のためにもつと永くお住《とゞま》り下さいますやうに」と願ひを言ひ出した。

釋尊は、一寸意外に感じたが、はゝア、阿難はわしの言を粗忽に聞き做したのでこんなことを云ひ出したのだ、と分つて、とんだ勘違ひをしてゐる、と思ふまゝに、よしなさい、阿難、今はもうそのやうなことを懇請してはいけない、阿難、今はもうそのやうなことを懇請するやうな時ではなくなつたのだ、と言ひ聞かせたが、納得が行かないらしいので、前々から云つてゐたではないか、生じたものは滅するものであると、それが滅しないやうになどと考へられるか。かう言つてゐる中に釋尊は不圖气がついた。これは自分が間違つてゐた、自分としてもこれまであのやうに迷ひぬいて、今やうやつと體驗し得たことであつた。それを說明しようとしたことは迂濶であつた。阿難には到底分る筈はない、いや他の故老比丘等とても同樣であらう。說明しようとしたことが惡かつた。矢張り唯此の vaya-dhammā saṃkhārā の一事を告げ諭すだけにするより無い。これ以上阿難との對談は無用のことである。直ぐ比丘等を召び集めさせよう、と決して、

これから直ぐマハーヴァナに行く、其処に比丘等を召び集めるように、直ぐに、と言ひながら立ち上がつた。

空さえたりともにかたらむけふの月

Atha kho Bhagavā āyasmatā Ānandena saddhiṃ yena Mahā-vanaṃ Kūṭâgāra-sālā ten' upasaṃkami. Upasaṃkamitvā āyasmantaṃ Ānandaṃ āmantesi :

'Gaccha tvaṃ Ānanda, yāvatikā bhikkhū Vesāliṃ upanissāya viharanti, te sabbe upaṭṭhāna-sālāyaṃ sannipātehîti.'

'Evaṃ bhante' ti kho āyasmā Ānando Bhagavato paṭissutvā, yāvatikā bhikkhū Vesāliṃ upanissāya viharanti, te sabbe upaṭṭhāna-sālāyaṃ sannipātetvā, yena Bhagavā ten' upasaṃkami, upasaṃkamitvā Bhagavantaṃ abhivādetvā ekamantaṃ aṭṭhāsi. Ekamantaṃ ṭhito kho āyasmā Ānando Bhagavantaṃ etad avoca :

'Sannipatito bhante bhikkhu-saṃgho. Yassa dāni bhante Bhagavā kālaṃ maññatîti.' (III. 49)

（和譯）マハーヴァナの衆堂に到つて世尊はアーナンダに

「アーナンダ、ヴェーサーリー周邊に居るだけの比丘を凡べて附屬衆堂に呼び集めなさい」と言はれた。

「唯然、世尊」とアーナンダはお應へして、ヴェーサーリー周邊に居るだけの比丘を凡べて附屬衆堂に呼び集めて、世尊の許に參り、禮畢り、世尊に對して、

「世尊、比丘衆は集りました。御都合宜しくば」と申上げた。（三、四九）

Atha kho Bhagavā yena upaṭṭhāna-sālā ten' upasaṃkami, upasaṃkamitvā paññatte āsane nisīdi. Nisajja kho Bhagavā bhikkhū āmantesi :

'Tasmāt iha bhikkhave ye vo mayā dhammā abhiññāya desitā, te vo sādhukaṃ uggahetvā āsevitabbā bhāvetabbā bahulī-kātabbā, yathayidaṃ brahmacariyaṃ addhaniyaṃ assa ciraṭṭhitikaṃ, tad assa bahujana-hitāya bahujana-sukhāya lokânukampāya atthāya hitāya sukhāya deva-manussānaṃ. Katame ca te bhikkhave dhammā mayā abhiññāya desitā, ye vo sādhukaṃ uggahetvā āsevitabbā bhāvetabbā bahulī-kātabbā yathayidaṃ brahmacariyaṃ addhaniyaṃ assa ciraṭṭhitikaṃ, tad assa bahujana-hitāya bahujana-sukhāya lokânukampāya atthāya hitāya sukhāya deva-manussānaṃ ? ……' (III. 50)

（和譯）爾の時、世尊は附屬衆堂に莅《のぞ》み、設けの座に着かれ、やがて比丘等に言はれた。

「さて、比丘達、わしが認知體得した法を說き、お前達が其れを克く了解して實踐、脩習し、宣布せんとしてゐる所以は、畢竟此の梵淨の行をして永く在ること有らしめ、以て衆生、世間、人天を利益せんがために外ならないのである。さて、そのやうな法はどうなのか」（三、五〇）

Atha kho Bhagavā bhikkhū āmantesi: 'Handa dāni bhikkhave āmantayāmi vo, **vaya-dhammā saṃkhārā, appamādena sampādetha,** na ciraṃ Tathāgatassa parinibbānaṃ bhavissati, ito tiṇṇaṃ māsānaṃ accayena Tathāgato parinibbāyissatîti.' (III. 51)

（和譯）「比丘達、今、特に更めてお前達に告げる。**vaya-dhammā saṃkhārā と各自自分の好みに放《ふ》けらずにきはまればよい。**わしも、もう久しいことはあるまい」（三、五一）

參考譯

（漢譯）佛卽起到大會堂中。諸比丘皆起。爲佛作禮。佛告諸比丘。天下無常堅固人。愛樂生死。不求度世道者。皆爲癡。父母皆當別離。有憂哭之念。人轉相恩愛貪慕悲哀。天下無生不死者。我本經說。生者皆當死。死者復生。轉相憂哭。無休息時。……莫怪佛却後三月當般泥洹。佛去亦當持經戒。（佛般泥洹經）

彼時佛勅賢者阿難。請維耶離國猗行比丘。受教卽請。悉會講堂。稽首畢一面住。佛告諸比丘**世間無常**。**無有牢固**。**皆當離散**。**無常在者**。心識所行。但爲自欺。恩愛合會。其誰得久。天地須彌。尚有崩壞。況于人物。而欲長存。生死憂苦。可厭已矣。佛後三月。當般泥洹。勿怪勿憂。且夫一切去來現佛。皆從法得。經法具存。**但當自勉勤學力行**。（般泥洹經）

爾時世尊卽詣講堂就座而坐。告諸比丘。汝等當知。我以此法自身作證成最正覺。……汝等當善受持稱量分別。隨時修行。所以者何。**如來不久**。是後三月當般泥洹。諸比丘聞此語已。皆悉愕然殞絶迷荒。……佛告諸比丘曰。汝等且止。勿懷憂悲。**天地人物無生不終欲使有爲不變易者**。**無有是處**。我亦先說。恩愛無常。合會有離。身非己有。命不久存。（遊行經）

爾時如來。從重閣講堂。往大集堂。敷座而坐告諸比丘。我昔爲汝所說諸法。常思惟之。誦習勿廢。淨修梵行。護持禁戒。福利世間諸天人民。……汝應修習精勤思惟。此法能令到解脫處。復次比丘。**一切諸法皆悉無常**。**身命危脆猶如驚電**。**汝等不應生於放逸**。汝等當知。如來不久。却後三月。當般涅槃。（大般涅槃經）

(獨譯) Dann hat der Erhabene zu den Mönchen gesagt :

"Wohlan denn, ihr Mönche, lasst euch gesagt sein: **schwinden muß jede Erscheinung, unermüdlich mögt ihr da kämpfen** ; binnen kurzem wird es mit dem Vollendeten zur Erlöschung kommen : heute über drei Monate wird der Vollendete zur Erlöschung eingehen, " (K. E. Neumann)

(同) "Wohlan, ihr Jünger, ich rede zu euch ; **Vergänglich ist der Daseins-Bildekräfte Wesen, bleibt immer fest im strebenden Bemühen** ; in Kürze wird des Tathāgata Verlöschen sein, in drei Monaten von heute wird der Tathāgata (Vollendete) in das große Nirvana eingehen. " (H. Beckh)

(英譯) And the Exalted One exhorted the brethren , and said :

'Behold now, O brethren, I exhorted you, sayng : —"**All component things must grow old. Work out your salvation with diligence**. The final extinction of the Tathāgata will take place before long. At the end of three months from this time the Tathāgata will die ! "' (Rhys Davids)

マハーヴァナ、vaya-dhammā saṃkhārā 宣章

釋尊は阿難から比丘等が集り了つたとの報告を受け、やをら立ち出て衆堂の設けの座に即いて、やがて比丘一同に向つて宣ふ。

わしが認知體得した法をお前達に說き、お前達はそれを正しく祖識し、實踐し、且つ宏《おお》いに祖述しようとして來た所以は畢竟人天衆生の幸福に利益せんがためであつたことはお前達も已に承知してゐる通りである。さて、其の樣な法は、畢竟、どうあれば可《よ》いのか、其れを今日チャーパーラで始めて省達し得た。其の體驗、これが眞の至極の sato sampajāno である。それをお前達に告げようと思つて集つて貰つた次第なのであるから、其のつもりで聞くように、と言ひ擱《さ》して、言はうとすることを吟味して須臾《しゅゆ》の間默つて、やゝあつて、あらたまつた態度でおもむろに比丘等に言ひかける、

比丘等、今特に更めてお前達に聞かせる。vaya-dhammā saṃkhārā ときはまるのである。それ故各自自分の好みに放けらずに、さうきはまればよい。

言ふべき肝要はこれだけである。――わしもこの老齢《とし》である、久しいことはあるまい、各自、しつかりしなくてはいけない。

歳はてん見はてぬ夢におとろけは

バンダガーマよりパーヴァーに向ふ旅次途上の資料

Atha kho Bhagavā pubbaṇha-samayaṃ nivāsetvā patta-cīvaram ādāya Vesāliṃ piṇḍāya pāvisi, Vesāliyaṃ piṇḍāya caritvā pacchā-bhattaṃ piṇḍapāta-paṭikkanto nāgâpalokitaṃ Vesāliṃ apaloketvā āyasmantaṃ Ānandaṃ āmantesi :

'Idaṃ pacchimakaṃ Ānanda Tathāgatassa Vesāli-dassanaṃ bhavissati, āyām' Ānanda yena Bhaṇḍagāmo ten' upasaṃkamissāmâti.'

'Evaṃ bhante' ti kho āyasmā Ānando Bhagavato paccasosi. Atha kho Bhagavā mahatā bhikkhu-saṃghena saddhiṃ yena Bhaṇḍagāmo tad avasari. Tatra sudaṃ Bhagavā Bhaṇḍagāme viharati. (IV. 1)

（和譯）かくて世尊は或る朝、三衣一鉢を持して、ヴェーサーリーに乞食に行かれ、行乞し畢つて歸來終食の後、大象の如くヴェーサーリーを見渡し、アーナンダに「アーナンダ、ヴェーサーリーを見ること、此れが最後であらう。さて、バンダ村に行く」と言はれた。「唯然、世尊」とアーナンダはお應へした。そこで世尊は比丘衆と共にバンダ村に向つて發たれ、やがて其処に次された。（四、一）

Tatra kho Bhagavā bhikkhū āmantesi : 'Catunnaṃ bhikkhave dhammānaṃ ananubodhā appaṭivedhā evam idaṃ dīgham addhānaṃ sandhāvitaṃ saṃsaritaṃ mamañ c' eva tumhākañ ca :...... (IV. 2)

（和譯）「比丘達、四法に就いて省察が足りず、未達であつたので、かくも此のやうに永い間自分もお前

達も經廻つたものだナ」（四、二）

Atha kho Bhagavā Bhaṇḍagāme yathâbhirantaṃ viharitvā āyasmantaṃ Ānandaṃ āmantesi :

'Āyām' Ānanda yena Hatthigāmo……pe ……Ambagāmo …… Jambugāmo …… yena Bhoganagaraṃ ten' upasaṃkamissāmâti.' （IV. 5）

'Evam bhante' ti kho āyasmā Ānando Bhagavato paccassosi. Atha kho Bhagavā mahatā bhikkhu-saṃghena saddhiṃ yena Bhoganagaraṃ tad avasari. （IV. 6）

（和譯）かくて世尊はバンダ村の事濟みて、アーナンダに「さて、アーナンダ、ハッティ村に行く」と言はれた。かくてハッティ村に次され、このやうにしてアンバ村、ジャンブ村をと旅次を重ねてボーガ城市に次された。（四、五―六）

バンダガーマよりパーヴァーに至る旅次、途上

薄かすみ

かくて釋尊惟ふに、これにて吾が頭陀の行も畢つた。さりとて此処にいつまでも逗るべきでもない。なほ王城の地は逗る所ではない。所詮は逗らなければなるまいが、さていづこに逗るべきか、逗つたとてもう久しいことはあるまい。何処でもよいやうなものゝ、矢張り舍利弗と同様に故郷に引退しよう。あの亡國の故舊を慰め、又若うどと此のことを以て接することが當面の自分に最もふさわしい。かく前途が定まつて、或る朝ヴェーサーリーに心の最後の行乞を終つてバンダガーマに向つて其処に次した。

途上ゆくゆく見た所では比丘等はあのマハーヴァナの宣言も余り人事にも思つてゐないやうだ。まだ誰も何とも云つて來ぬ。解らなくて考へてゐるのであらうとも思へるが、それ程印象が深いとも思はれない。矢張りこれまでの先入の方が深くて何とかそれなりに聞き做してゐるのであるらしい。あの時の阿難の態度が思ひ合される。困つたものである。が何とかしてやらねばならない。矢張何んと云つても永い間の印象が障りであらう。先づ其の點に注意させて反省させるよりないであらう、と又此の旅次で又々あのコーティガーマの述懐となつた其のことを繰り返し注意し諭した。

次いでハッティガーマ、アンバガーマ、ジャンブガーマ、ボーガナガラと次ぎ次ぎに旅次を重ねながら、自らはチャーパーラの體驗を吟味すればする程 vaya-dhammā saṃkhārā なる sato sampajāno の至極の味が益々甄別され甄明になつて來るにつけて、比丘等の中で自分に追隨し得るものが一人もなく、懸隔が増すばかりの事實をどうともしやうがないのを心ならず見過す日が重ねられて來る。

或る日不圖チャーパーラの時の阿難のことに思ひ當つた。あの時自分にも説明しようとしたことが間違つてゐると思ひ付いたが、あの時はあれは阿難だけのことゝしてさう深く心にも懸けなかつたので、そのまゝあの宣章をしてそれでよいと思つてゐたのであつたが、これも矢張同様であつた。あれで彼れ等が解つて自分と同様になれると思ふことが間違つてゐる。これこそ體驗の至極の事實である。此の體驗なくして解るといふことはあり得ない。それであるのに自分はそれを彼等に期待してゐたのであつた。

併、さうだとて此のまゝに打ち捨てゝ置くわけのものではない。おゝ！さうであつた。自分も舍利弗も五蘊無常の禪觀の故に不知不識の間に此の體驗に達したに外ならなかつた、とすれば彼等比丘として此の五蘊無常の禪觀を凝らしさへすればよいわけである。然も此の五蘊無常の禪觀は知らず識らずの間に anātman のための禪觀として慣れるまゝおろそかになりがちであつたことが思ひ當る。それればかりではない、其の結果はやがて生滅無常の禪觀に傾いた。自分もついそれを見過してゐたことは今になつて見れば否めない過失である。比丘等は故老等を始め此の五蘊無常の禪觀が自然中弛みとなつたまゝ今に至つてゐるわけだ。其の事は彼らの態度や口吻の端々に明らかである。それがこれ程不都合なことであると心附かず見過してゐたとは今更呆れるばかりである。今からは五蘊無常の禪觀を更めて說き奬めなければ、いや、それもまだるい、むしろ anicca saṃkhārā を專ら說くべきである。五蘊無常の禪觀が生滅無常觀に移りさへしたのだ。今は其の歸決の樞要として anicca saṃkhārā を說かなければならない。併、今度で分つたが言語といふものは案外な間違ひの因となるものだ。あのチャーパーラの阿難の場合と云ひ、迂濶に不用意な言は言はれない。最も適切な折を捉らへて說くべきである。それにつけても比丘等は其の後一向に問ふものもない。何等か思違ひして解つてゐるのであらう。さりとて迂闊なことも云へぬし、機會を待つよりない。

春なれやつれて立ちそふ薄かすみ

山かつら

其の後は途上、旅次の折々に機會を捉へた時其の趣を諭し〳〵してゐるうちに、おもひの外のことに此の事の結果がなりつゝあるに驚かされた。

チャーパーラ以後の釋尊に一介の人間沙門としてどれ程の變化が起つたのか、其の當初は自らもまだ其の程度のほどは十分に分明《ぶんみよう》ではないのであつた。それが此の頃になつて、それは恰も霧が一時に晴れて目が日の光りに馴れない間のやうな、あのチャーパーラの時のことを回顧することが度々になつて來た。これは其の體驗の含味の度が増すにつれてのゆとりとでもいふのであらう。

あの āyu-saṃkhāro ossaṭṭho の sato sampajāno と同時のあの vaya-dhammā saṃkhārā の sato sampajāno 實に素晴しい、とも何とも云ひやうのない、新奇な新鮮さ。マハーヴァナの宣言の前も後もわれながら唯々それを繰り返し吟味するだけであつた。爾の後もしばらくは唯それを吟味するだけで明け暮れたやうなもので、それまでの頭陀行《こう》が急に變つて謂はば吟行と自然になつてしまつたとでも云はうか、やがて

頭陀行は吟行にとや春かすみ

そのため つい 詞ずくなになつて、おのづからだまりがちになることが多くなつた。それにしても比丘等の方からもあの時以來今だにそれについて誰も何とも言つて來ることもない。分つたら分つたで何とか云ふであらうが、それもないし又自分と同じに吟味してゐる樣子もない。分らないなら分らないで訊しに來さうなものだが、それもない。分つたのか分らないのか一向に要領の得ないまゝ過ごしてゐる。其の内に気附いたことは、あれは彼等に取つては恰も晴天の霹靂のやうなものであつたのだつた。それで彼等は當座呆

然として放心した態であると分つて見ると、捨て置けないと思つて五蘊無常の禪觀を奬める工夫となり、猶何となく比丘等の態度がまだ緊張味が薄く物足らない處から五蘊無常を詮じ詰めて aniccā saṃkhārā の禪觀を說くに至つた。これで比丘等が pamad する余地は無い、と期待したのが復外れておもひの外の事になつてゐる。彼れ等は依然諸法生滅の無常觀に住してゐる、ばかりか反つて以前より其の信念を強くしてゐる。かうなつて觀て明らかになつたことは彼れらはまだ saṃkhārā の眞意が分つてゐなかつたといふことである。併、今省れば自分と雖 saṃkhārā の abhiññā はチャーパーラのあの時までは不徹底であつたことは免れなかつたわけであつたのであるが、それにしても五蘊無常の禪觀には差支無かつたわけである。併、今の比丘等の了解では viññāṇa に固定し勝ちで saṃkhārā の aniccā の禪觀とはなり得ないことになる。結局彼れ等はまだ saṃkhārā と viññāṇa との同異、又 vedanā と saṃkhārā との同異を甄別し得てゐなかつたのだ。それではどうしたとて saṃkhārā が分らう筈はない。比丘等が aniccā saṃkhārā と言ひながら viññāṇa に偏局してゐる口吻を洩すのも尤である。わしの saṃkhārā と謂ふ所のものを直接意識し得るつもりでゐる。さて此の點を……avijjāpaccayā saṃkhārā, saṃkhārapaccayā viññāṇam.……おお！此の sato sampajāno これを聞かせよう。復これこそやがて克く sato を説き、sampajāno を明かしてゐる所以でもある。

遠ち近ちの櫻さためぬ山かつら

おほろ

釋尊は復々、比丘等はまた相變らずのことをやつてゐることに気づいて呆れた。爾の後自らも此の章句を吟味し含味するにつれて其の精妙を増して來る。もともと直接には意識出來ない此の saṃkhārā 過程である。それを一方では原因的に vedanā に關係し、他方結果的には viññāṇa に關聯する其の交渉の間に其の消息を洩らすやうになつてゐる。これでこそ完璧と云へる。自分が曾つてウルヴェーラの苦行の際は saññā に二種の大別あることに気附いて saññā と viññāṇa との同異を辨別することに由つてその作用の過程を捉へ得て、それを古典用語の中から採擇して saṃkhārā と稱したものであつたのであるが、今から觀ればそれも猶結果に關聯する一面の一端を捉へたに過ぎなかつた。その故でもあらうか、比丘等が今だに兎角 viññāṇa に偏局し勝ちであるのも止むを得ないと考へれば考へられないことでもない。

比丘等の口吻から察すると彼れ等は今度は復原因の一端に拘泥して avijjā, vijjā に迷つて或る者は古典の用例を權證として ti vijjā に擬して解さうとしてゐるやうである。それもつまり viññāṇa に偏局するに過ぎまい。何故彼れ等は此の avijjāpaccayā を vedanā 不中の緣由と會通し得ないだらうか。矢張此の vedanā についても十分會得してゐない。恐らく彼れらは vedanā の感受の實際の一面にのみ執して、其の習熟の重要なる sato の面を失脚してゐるに違ひない。假令彼れ等自らは會得してゐなくとも、sato の事實は此の avijjāpaccayā saṃkhārā の sato の事實には相違あるまい、それなら此の全章の sato sampajāno がどうして會得することが出來ないのであらうか。どうも不審だ。何か原因が……おゝ！　さうだ、これは全くわしの失錯であつた。今自分の謂ふ sato sampajāno はあのチャーパーラ以前アンバパーリー苑で比丘等に說いたものや、ベールヴァで阿難に諭した時のものとは、天地、明暗の差異が起つてゐたのであることに心附かなかつた。そこでつい從來の仕來りで說明して分らせようとしたことは事體を辨《わきま》へない失策であつた。aniccā saṃkhārā と云ひ、avijjāpaccayā saṃkhārā……と云ひ、此れは vaya-dhammā saṃkhārā の sato sampajāno であつた。vaya-dhammā saṃkhārā の體驗なくしては分る筈はないのであつた。今のあの比丘等に、唯唐突に avijjāpaccayā saṃkhārā saṃkhārapaccayā viññāṇam と言へば聞いた彼れ等の考へは所詮 āyu-saṃkhāra を以てする以外にあり得ない。それではもともと直接意識し得ない saṃkhārā を識る由もないので、結局何らかの viññāṇa に局促して vijjā とか ñā とか、abhiññā, paññā 等々の局識を偏重し、而かも自分にも分らぬままに果ては iddhi 化することになる。併ながらその何れにしても竟いに āyu-saṃkhāra の viññāṇa たるを免れないのである以上、それは全くわしの言ふ所の sampajāna たり得ない。斯のことは古哲も曾つて既に vijñāna とか prajñā とかの用語に於いて loke abhijjhā-domanassa を神祕的に錯誤してゐた所である。詮ずる所 āyu-saṃkhāro ossaṭṭho 體驗無きものには、吾が體驗の sato sampajāno は有り得ない筈であつたのである。此のことに気附かずして、それを分らせようとしたのであつたのだ。これは分らせようも無いし、分りようもないことである。此の事の場合に關する限り此の體驗以外到底言語章句の說明解釋の能くする所ではない。

彼れ等はまだ āyu-saṃkhāra の五蘊の者である。古典の古聖賢哲と雖、古典に知る限りは又皆同樣である。それを比丘等は權證としてゐる。彼れ等があのやうな判斷理解に歸着することは當然であつた。vaya-dhammā saṃkhārā 體驗の事は vaya-dhammā saṃkhārā 體驗によるより以外にはない。それなればこそ今まで五蘊無常の禪觀を奬めた所以でもあつたのだが、事茲に至つては最早施す術《すべ》がない。唯一つのすべは vaya-dhammā saṃkhārā と指摘して置いて五蘊 aniccā saṃkhārā の禪觀の人を俟つよりないであらう。謂ふだけのことは謂ひつくしたわけだ。唯人を俟つ。唯々其の人を俟つ。

かくして釋尊はパーヴァーに近づく頃には日常の用談の外は沈默するに至

つた。比丘等はそれを又世尊はいよいよヨーガ三昧に達せられたと思つてゐる。

春たけてかすみ勝なるおほろ哉

Atha kho Bhagavā Bhoganagare yathâbhirantaṃ viharitvā āyasmantaṃ Ānandaṃ āmantesi :

'Āyām' Ānanda yena Pāvā ten' upasaṃkamissāmâti.'

'Evaṃ bhante' ti kho āyasmā Ānando Bhagavato paccassosi.

Atha kho Bhagavā mahatā bhikkhu-saṃghena saddhiṃ yena Pāvā tad avasari.

Tatra sudaṃ Bhagavā Pāvāyaṃ viharati Cundassa kammāra-puttassa ambavane. (IV. 13)

（和譯）それから世尊はボーガ城市を發つてパーヴァーに向はれ、其処で金工チュンダの菴羅苑《あんもらえん》に次された。（四、一三）

Atha kho Cundo kammāra-putto tassā rattiyā accayena sake nivesane panītaṃ khādaniyaṃ bhojaniyaṃ paṭiyādāpetvā pahūtañ ca sūkara-maddavaṃ Bhagavato kālaṃ ārocāpesi : 'Kālo bhante niṭṭhitaṃ bhattan' ti. (IV. 17)

（和譯）其の時、金工チュンダは夜を徹して、自宅に於いて味ひ佳き嚼《しゃく》食、噉《たん》食及び多くの猪茸《ししたけ》を調理し畢つて、世尊に使を以て「お待ち申上げて居ります」と申させた。（四、一七）

Atha kho Bhagavato Cundassa kammāra-puttassa bhattaṃ bhuttāvissa kharo ābādho uppajji lohita-pakkhandikā pabāḷhā vedanā vattanti māraṇantikā. Tā sudaṃ Bhagavā **sato sampajāno** adhivāsesi avihaññamāno.

Atha kho Bhagavā āyasmantaṃ Ānandaṃ āmantesi : 'Āyām' Ānanda yena Kusinārā ten' upasaṃkamissāmâti.'

'Evaṃ bhante' ti kho āyasmā Ānando Bhagavato paccassosi. (IV. 20)

（和譯）世尊は金工チュンダの供食を攝られて間もなく、赤痢し、頻死の苦痛が繰り返へされて重態になられた。其れにも係らず世尊は**克く觀念して**平靜に此の苦みを過された。

其の時世尊はアーナンダに「さて、アーナンダ、クシナーラーに行く」と言はれた。

「唯然、世尊」とアーナンダはお應へした。（四、二〇）

Atha kho Bhagavā maggā okkamma yen' aññataraṃ rukkha-mūlaṃ ten' upasaṃkami, upasaṃkamitvā āyasmantaṃ Ānandaṃ āmantesi : 'Iṅgha me tvaṃ Ānanda catugguṇaṃ saṃghāṭiṃ paññāpehi, kilanto 'smi Ānanda, nisīdissāmîti. '

'Evaṃ bhante' ti kho āyasmā Ānando Bhagavato paṭissutvā catugguṇaṃ saṃghāṭiṃ paññāpesi. (IV. 21)

（和譯）暫く行つて、世尊は街道から少し這入り込んだ一樹の下に往つてアーナンダに、「おゝ、アーナンダ、袈裟を四つ折に敷きなさい。疲れた、休み度い」と言はれた。

「唯然、世尊」とアーナンダはお應へして席を整へた。（四、二一）

Nisīdi Bhagavā paññatte āsane, nisajja kho Bhagavā āyasmantaṃ Ānandaṃ āmantesi, 'Iṅgha me tvaṃ Ānanda pānīyaṃ āhara, pipāsito 'smi, Ānanda, pivissāmîti. '…… (IV. 22)

……Pattena pānīyaṃ ādāya yena Bhagavā ten' upasaṃkami, ……. Atha kho Bhagavā pānīyaṃ apāyi.

(IV. 25)

（和譯）世尊は設けの席に着かれてアーナンダに「おゝ、アーナンダ、水を汲んで來て欲しい。渇を覚えた、水を飲む」と言はれた。……（四、二二）

……アーナンダは鉢に水を汲んで世尊の許に參つた。……そこで世尊は水を飲まれた。（四、二五）

Tena kho pana samayena Pukkuso Malla-putto Āḷārassa Kālāmassa sāvako Kusinārāya Pāvaṃ addhāna-magga-paṭipanno hoti.

Addasā kho Pukkuso Malla-putto Bhagavantaṃ aññatarasmiṃ rukkha-mūle nisinnaṃ, disvā yena Bhagavā ten' upasaṃkami, upasaṃkamitvā Bhagavantaṃ abhivādetvā ekamantaṃ nisīdi. Ekamantaṃ nisinno kho Pukkuso Malla-putto Bhagavantaṃ etad avoca :

'Acchariyaṃ bhante, abbhutaṃ bhante, santena vata bhante pabbajitā vihārena viharanti ! '（IV. 26）

（和譯）丁度其の頃、アーラーラ・カーラーマの弟子、マッラのプックサはクシナーラーからパーヴァーへの途上に在つて、樹下の世尊を見て、近づき禮畢つて對座し、世尊に言ひかけた。

「驚くべき哉、世尊、稀有なる哉、世尊、此のやうな寂靜に住せる出家が有らうとは」と。（四、二六）

Atha kho Bhagavā mahatā bhikkhu-saṃghena saddhiṃ yena Kakutthā nadī ten' upasaṃkami, upasaṃkamitvā Kakutthaṃ nadiṃ ajjhogahetvā nahātvā ca pivitvā ca paccuttaritvā yena Ambavanaṃ ten' upasaṃkami,…… .

(IV. 39)

（和譯）それから世尊は、比丘衆と共にカクッター河に赴き、沐浴し、渇を醫《いや》しなどして、菴羅《あんもら》苑に赴かれた……。（四、三九）

Atha kho Bhagavā āyasmantaṃ Ānandaṃ āmantesi : 'Āyām' Ānanda yena Hiraññavatiyā nadiyā pārimatīraṃ yena Kusinārā-Upavattanaṃ Mallānaṃ sāla-vanaṃ ten' upasaṃkamissāmâti.'

'Evaṃ bhante' ti kho āyasmā Ānando Bhagavato paccassosi.

Atha kho Bhagavā mahatā bhikkhu-saṃghena saddhiṃ yena Hiraññavatiyā nadiyā pārimatīraṃ yena Kusinārā-Upavattanaṃ Mallānaṃ sāla-vanaṃ ten' upasaṃkami, upasaṃkamitvā āyasmantaṃ Ānandaṃ āmantesi :

'Iṅgha me tvaṃ Ānanda antarena yamaka-sālānaṃ uttara-sīsakaṃ mañcakaṃ paññāpehi, kilanto 'smi Ānanda, nipajjissāmîti.'

'Evaṃ bhante' ti kho āyasmā Ānando Bhagavato paṭissutvā antarena yamaka-sālānaṃ uttara-sīsakaṃ mañcakaṃ paññāpesi. Atha kho Bhagavā dakkhiṇena passena sīha-seyyaṃ kappesi pāde pādaṃ accādhāya sato sampajāno.（V. 1）

Tena kho pana samayena yamaka-sālā sabba-phāliphullā honti akāla-pupphehi. ……（V. 2）

（和譯）やがて世尊はアーナンダに「さア、アーナンダ、ヒランニャヴァティー河の向ふの、マッラのクシナーラー近郊の沙羅林に行く」と言はれた。

「唯然、世尊」とアーナンダはお應へした。

そこで世尊は比丘衆と共に、そのマッラの沙羅林に至つて、アーナンダに「おゝ、アーナンダ、沙羅双樹の間に北枕に褥を敷いて欲しい。疲れた。横になる。」と言はれた。「唯然、世尊」とアーナンダはお應へして、褥を設けた。そこで世尊は足を重ねて右脇獅子臥された。

（五、一）

爾の時、沙羅双樹は時ならぬに花咲き滿ちた。（五、二）

Atha kho āyasmā Ānando vihāraṃ pavisitvā kapisīsaṃ ālambitvā rodamāno aṭṭhāsi : "Āhañ ca vat' amhi sekho sakaraṇīyo, Satthu ca me parinibbānaṃ bhavissati yo mamaṃ anukampako' ti.…… (V. 13)

（和譯）アーナンダは遊苑の柵の笠木を手寄りに凭掛つて、「嗚呼、自分は猶脩行半ばの學地であるのに、愍《あわれ》んで下された師は涅槃せられようとしてゐる」と歎いてゐた……。（五、一三）

Ekamantaṃ nisinnaṃ kho āyasmantaṃ Ānandaṃ Bhagavā etad avoca :

'Alaṃ Ānanda mā soci mā paridevi. Na nu etaṃ Ānanda mayā patigacc' eva akkhātaṃ, sabbeh' eva piyehi manāpehi nānā-bhāvo vinā-bhāvo aññathā-bhāvo ? Taṃ kut' ettha Ānanda labbhā ? Yan taṃ jātaṃ bhūtaṃ saṅkhataṃ paloka-dhammaṃ, taṃ vata mā palujjîti n' etaṃ ṭhānaṃ vijjati. Dīgha-rattaṃ kho te Ānanda Tathāgato paccupaṭṭhito ……. Katapuñño 'si tvaṃ Ānanda. ……. (V. 14)

（和譯）呼ばれて對座したアーナンダに、世尊は言はれた。「アーナンダ、歎くのは無用になさい。凡そ相愛するものと雖、生も死も其の処を異にするものであると屢々言ひ聞かしたではないか。されば生成破壊のものにして滅しない、といふことがどうして有り得ようか、そのやうなことの拠《よりどころ》は無い。永い間お前は善く仕へて呉れた。よくして呉れた。」（五、一四）

Tena kho pana samayena Subhaddo nāma paribbājako Kusinārāyaṃ paṭivasati. Assosi kho Subhaddo paribbājako : 'Ajj' eva kira rattiyā pacchime yāme samaṇassa Gotamassa parinibbānaṃ bhavissatîti.'

Atha kho Subhaddassa paribbājakassa etad ahosi : '……Atthi ca me ayaṃ kaṅkhā-dhammo uppanno, evaṃ pasanno ahaṃ samaṇe Gotame, pahoti me samaṇo Gotamo tathā dhammaṃ desetuṃ yathā ahaṃ imaṃ kaṅkhā-dhammaṃ pajaheyyan' ti. （V. 23）

（和譯）初更も過ぎた。クシナーラーに居合わせた行脚僧スバッダは、今夜最後更に沙門ゴータマの般涅槃があるさうだ、といふことを聞いて、自分には法に就いて疑惑がある、沙門ゴータマこそ自分の此の疑惑を解明して呉れるに違ひないと思つた。（五、二三）

Atha kho Subhaddo paribbājako yena Upavattanaṃ Mallānaṃ sālavanaṃ yen' āyasmā Ānando ten' upasaṃkami, upasṃkamitvā āyasmantaṃ Ānandaṃ etad avoca : …… 'Svâhaṃ bho Ānanda labheyyaṃ samaṇaṃ Gotamaṃ dassanāyâti.'

Evaṃ vutte āyasma Ānando Subhaddaṃ paribbājakaṃ etad avoca : 'Alaṃ āvuso Subhadda, mā Tathāgataṃ viheṭhesi. Kilanto Bhagavā' ti. (V. 24)

（和譯）そこで行脚僧スバッダは城外のマッラの沙羅林に行つて、アーナンダに「子アーナンダ、沙門ゴータマに是非會はせて下さい」と言つた。

さう言はれてアーナンダは「無用にして下さい。子スバッダ。師を煩はさないで下さい。御所勞ですから」と斷つた。（五、二四）

Assosi kho Bhagavā āyasmato Ānandassa Subhaddena paribbājakena saddhiṃ imaṃ kathā-sallāpaṃ. Atha kho Bhagavā āyasmantaṃ Ānandaṃ āmantesi :

'Alaṃ Ānanda, mā Subhaddaṃ vāresi, labhataṃ Ānanda Subhaddo Tathāgataṃ dassanāya. Yaṃ kiñci maṃ Subhaddo pucchissati, sabban taṃ **aññā-pekho** 'va pucchissati, no vihesā-pekho, yañ c' assâhaṃ puṭṭho vyākarissāmi taṃ khippam eva **ājānissatîti**.'

Atha kho āyasmā Ānando Subhaddaṃ paribbājakaṃ etad avoca : 'Gacch' āvuso Subhadda, karoti te Bhagavā okāsan' ti. (V. 25)

（和譯）世尊はアーナンダと行脚僧スバッダとの咨《し》對を聽かれて、アーナンダに「アーナンダ、斷らなくともよい。わしはスバッダに會ふ。スバッダはわしを煩はさうとするのではない。**納得したいからなの**

だ。わしが判別してやれば、直ぐに**納得する**」と言はれたので、アーナンダはスバッダに「子スバッダ、御進み下さい。師の御許しがありました」と言つた。（五、二五）

Atha kho Subhaddo paribbājako yena Bhagavā ten' upasaṃkami, upasaṃkamitvā Bhagavatā saddhiṃ sammodi, sammodanīyaṃ kathaṃ sārāṇīyaṃ vītisāretvā ekamantaṃ nisīdi. Ekamantaṃ nisinno kho Subhaddo paribbājako Bhagavantaṃ etad avoca :

'Ye 'me bho Gotama samaṇa-brāhmaṇā saṃghino gaṇino gaṇâcariyā ñātā yasassino titthakarā sādhu-sammatā ca bahu-janassa, seyyathîdaṃ Pūraṇo Kassapo, Makkhali Gosālo, Ajita-Kesakambalī, Pakudo Kaccāyano, Sañjayo Belaṭṭhi-putto, Nighaṇṭho Nātha-putto, sabbe te sakāya paṭiññāya abbhaññaṃsu, sabbe 'va na abbhaññaṃsu, ekacce abbhaññaṃsu, ekacce na abbhaññaṃsûti ?'

'Alaṃ Subhadda! Tiṭṭhat' etaṃ "Sabbe te sakāya paṭiññāya abbhaññaṃsu, sabbe va na abbhaññaṃsu, udāhu ekacce abbhaññaṃsu ekacce na abbhaññaṃsûti ?" Dhammaṃ te Subhadda desessāmi, taṃ suṇāhi, sādhukaṃ manasi-karohi, bhāsissāmîti.'

'Evaṃ bhante' ti kho Subhaddo paribbājako Bhagavato paccassosi, Bhagavā etad avoca : (V. 26)

'Suññā parappavādā samaṇehi aññe, …… ' ti. (V. 27)

Evaṃ vutte Subhaddo paribbājako Bhagavantaṃ etad avoca : 'Abhikkantaṃ bhante, abhikkantaṃ bhante !

…… Labheyyâhaṃ Bhagavato santike pabbajjaṃ, labheyyaṃ upasampadan' ti. (V. 28)

（和譯）そこで行脚僧スバッダは世尊の許に參り、禮畢り、對坐して世尊に申上げた。

「世尊ゴータマ、例せばプーラナ・カッサパ、マッカリ・ゴーサーラ、アジタ・ケーサカンバリン、パクダ・カッチャーヤナ、サンジャヤ・ベーラッティプッタ、ニガンタ・ナータプッタのやうな有名な大導師達は凡て自證に由つて正智を得たのか、さうでないのでせうか。或は或る者は得て、或る者は得てゐないのでせうか」

「無用にしなさい、スバッダ。そのやうな問ひは舍《お》きなさい。吾が正法を說く。心して聽くように」

世尊は正法を說かれて（五、二六）「此れ以外に他を是非することは、沙門に取つて冗事である」と言はれた。（五、二七）

かう言はれて、行脚僧スバッダは「奇特なり、世尊。奇特なり、世尊。願くば世尊の許に於いて出家入門を御許し戴き度い」と申上げた。（五、二八）

Atha Bhagavā bhikkhū āmantesi :

'Siyā kho pana bhikkhave eka-bhikkhussa pi kaṅkhā vā vimati vā Bhuddhe vā dhamme vā saṃghe vā magge vā paṭipadāya vā. Pucchatha bhikkhave. Mā pacchā vippaṭisārino ahuvattha :

"Sammukhī-bhūto no Satthā ahosi, na mayaṃ sakkhimha Bhagavantaṃ sammukhā paṭipucchitun" ' ti.

Evaṃ vutte te bhikkhū tuṇhī ahesuṃ. ……

Atha kho Bhagavā bhikkhū āmantesi : ‘Siyā kho pana bhikkhave Satthu-gāravena pi na puccheyyātha. Sahāyako pi bhikkhave sahāyakassa ārocetûti.’

Evaṃ vutte te bhikkhū tuṇhī ahesuṃ.（VI. 5）

（和譯）かくして後、世尊は比丘達に言はれた。「比丘達、お前達の内一人でも佛法に就き疑惑があれば訊ねなさい、師を前にしながら疑惑を質し得なかつた、と後になつて悔ゆることのないやうに」と。

かう言はれても比丘達は默してゐたので、世尊は「師を尊重の余り、お前達は訊ねないのであらう。仲間同志の積りで言ひなさい」と言はれた。

それでも比丘達は默然としてゐた。（六、五）

Atha kho Bhagavā bhikkhū āmantesi : ‘**Handa dāni bhikkhave āmantayāmi vo : “Vaya-dhammā saṃkhārā, appamādena sampādethâti.**”’

Ayaṃ Tathāgatassa pacchimā vācā.（VI. 7）

（和譯）爾の時、世尊は良久《やゝ》うして、

「比丘達、今此の時に臨んで、特にお前達に告げて置く。**“Vaya-dhammā saṃkhārā” と己に放せずに極まればいいのだ」と言はれた。**

斯れが世尊の最後の詞であつた。（六、七）

参考譯

（漢譯）……佛起正坐。深思道原。棄是善惡。都及三界。年亦自至七十有九。惟斷生死廻流之淵。思惟深觀。（佛般泥洹經）

佛語阿難。其已願樂如來正化。於佛法衆苦習盡道。無所疑者。當棄貪欲慢恢之心。**遵承佛教。以精進受。默惟道行。是爲最後佛之遺令。**（般泥洹經）

時世尊披鬱多羅僧出金色臂。告諸比丘。汝等當觀。如來時時出世。如優曇鉢花時一現耳。爾時世尊重觀此義。而説偈言

右臂紫金色　佛現如靈瑞
去來行無常　現滅無放逸

是故比丘。**無爲放逸。我以不放逸故自致正覺。無量衆善亦由不放逸得。一切萬物無常存者。此是如來末後所説。**（遊行經）

於是如來即便説偈。

諸行無常　是生滅法

生滅滅已　寂滅爲樂

爾時如來。說此偈已。告諸比丘。汝等當知。**一切諸行。皆悉無常。**我今雖是金剛之體。亦復不免無常所遷。生死之中極爲可畏。**汝等宜應勤行精進。**速求離此生死火坑。**此則是我最後教也。**（大般涅槃經）

(獨譯) Dann hat nun der Erhabene sich an die Mönche gewandt:

"Wohlan denn, ihr Mönche, lasst euch gesagt sein : schwinden muß jede Erscheinung, unermüdlich mögt ihr da kämpfen."

Das war des Vollendenten letztes Wort. (K. E. Neumann)

Und an die Jünger richtet Buddha seine letzten Worte : "Wohlan, ihr Jünger, ich rede zu euch : Vergänglich ist der Daseins-Bildekräfte Wesen, bleibt immer fest im strebenden Bemühen." (H. Beckh)

(英譯) Then the Exalted One addressed the brethren, and said : — 'Behold now, brethren, I exhort you, saying : — "Decay is inherent in all component things ! Work out your salvation with diligence !" '

This was the last word of the Thatāgata ! (T.W. Rhys Davids)

クシナーラー沙羅林

ボーガナガラを後にして象の如くに歩み、時に獅子の如く跏坐《かざ》ししてパーヴァーに到つた釋尊は、其処の金工の子チュンダの菴羅苑に次した。チュンダの屈請を容れて其の供食を受けたが、やがて復疾を發した。重態をおしてクシナーラーに向ひ、ついに其処に到つて倒れた。阿難よ、疲れた、横にならう、と沙羅林中の沙羅双樹の間を臥牀に、設けられたしとねに獅子臥した。

折から初更も過ぎた頃、このクシナーラーに居る老遊行者スバッダと云ふものが釋尊に會ひに來た。阿難が世尊は御病气で臥せつておいでゞ其の上非常にお疲れになつてゐられるから、と斷ると、自分は此の齢まで疑を有つてゐてまだ解けないで居た所、幸にもゴータマ沙門が此処に來られたので早速お訪ねして此の疑をはらさうために來たわけだから、是非會はせて呉れと強つて言ふ。釋尊はこれを聽きつけて面會を許した。

沙門ゴータマ、私は此の齡まで疑を有つてゐて解くことが出來ない。一體、今、世に有名なあのプーラナ・カッサパやマッカリ・ゴーサーラや又アジタ・ケーサカンバリン、或はバクダ・カッチャーヤナ、或はサンジャヤ・ベーラッティプッタとか、ニガンタ・ナータプッタなど云ふ人々は凡て自らの智能で正智を得た人か、或は又得た者ではないのか、或は其の中の誰かは得てゐて、或者は……

いや、さういふことはお聞きしたくない。わしとして今お答へすることは、唯、吾々は各自に五蘊無常の禪觀を凝らして aniccā saṃkhārā に徹するまでのことである。これだけである。吾々沙門は他の人々の是非をあげつらふ暇はない。と云つて默つてしまつた。スバッダは何を感じたか、急に釋尊の許で出家を乞ひ、許されて其の儀も濟んだ。

夜はいつの間にか闌《た》けてかすみがちに月はおぼろに影なく中天と覺えて薄明りにかすめる夜空サーラの梢おほへば時ならぬ花の盛と見えて、樹々の下小ぐらく、師のおもてさだかにも見えず、比丘等は双樹を中に跏坐して、一語發するなし。

問ふべき所以を知らぬ比丘等、已に教ふる言を盡した師、寂として聲なく、夜は增々闌けてゆく。

あはれな者、問ふすべも有たぬ、せめて末語に今一度、よし、其のかひなくとも、當來のもの〻ためになる。「比丘等よ、今此の時に當つて、更らにお前達に言ふ、vaya-dhammā saṃkhārā, appamādena sampādetha.」

此れが釋尊最後の詞であつた。

有 明 の 空 に ま か ひ ぬ お ほ ろ 月

奥書

以上で、パーリ涅槃經の本文の校閲、採擇、訂正の結果の釋迦佛陀本紀の叙述は終つたのであるが、さて通讀して見ると、vaya-dhammā saṃkhārā の實脩が相當に本格的な無解の程度になつた人達はこれだけでそれだけの含味を有つて讀めると想はれはするが、其の他の人々には現に自分が實脩してゐる vaya-dhammā saṃkhārā とどれだけの密接な關係があるか、其の條理が立ち得ないであらうと思はれる。そればかりか中には分らないまゝに自分勝手な理窟をつけて片付けてしまふものもある恐れがあると思はれるので、一往條理を通じて置いた方が可からうと考へて以下少しばかり追加して置くことにした所以です。

謂ふまでもなく本文の校閲、採擇、訂正と云つても此の場合は、普通一般の文獻學、言語學、史學的等々の方法は或る限度までゞあつてそれ以上は規準がない、謂はゞ獨斷の如き形を取る。それは vaya-dhammā saṃkhārā 實脩の結果だけの sato sampajāno であり、實證であるといふことを斷つて置く。

以上の佛陀本紀を讀めば讀了必ず気付かねばならない重要な一事がある。それは所謂道諦といふ重要な一事である。而かも此の道諦の叙述の缺失といふか、缺乏といふか、兎に角缺典があるといふことである。

尤もパーリ涅槃經の本文中には四諦八正道《したいはつしようどう》の叙述はある。それを敢へて缺典といふ所以は當本紀の叙述の通りの釋尊の精神經過から見て文脈上不調和であり、不必要であり、有り得べからざるものであるとの批判々定の上削除した理由によるのである。

さりとて釋尊其の人に所謂四諦的な意圖施設が全く無かつたといふのでは無く、現存涅槃經に叙されてゐる様な法數的《ほつすうてき》な名目組織は無かつたといふことである。かゝる名目組織は所謂道諦的な缺典から催促された滅後上座部の作爲であることは其の所説の杜撰な點から觀取し批判される。從つて此の點が、むしろ道諦といふ程の明確な典法が無かつたことを物語るものである。

兎にも角にも釋尊には何らかの道諦的意圖は無ければならないし、併も有つたと考へられるばかりでなく、上座部ではそれがこれであるといふので四諦八正道が呈示されてゐる、其の杜撰さが又釋尊の道諦についての缺典を想はせる、といふ敚妙な關係については當佛陀本紀のチャーパーラ以後の師弟の關係の推移に叙して置いたのであるが、あゝいふ本文としては餘りくだくだしく叙すことは好ましくないので、少し平淡に失した嫌もないでもないから不用意に讀むと、余りに敚妙で割合に複雜な關係の事柄だけに、反つて平易に讀み過されてしまふ恐れがないとも云へないので、今一應言ひ換へて注意を促すことにする。

釋尊のガヤー成道後の道諦ともいふべき實脩方法は五蘊觀であり、それに依る無常觀でなければばならない。勿論これは禪觀であるべきであるが永い間には慣れて來る結果、單なる思想、理論化することは一般の例である。かくて新參の比丘にもやがて常套となつて中弛みの傾向であつたことは、所謂十大弟子傳の謂ふ所でも舍利弗一人を除けば他は皆それぞれの個性の特長を發揮してゐたに過ぎないことが窺はれる。さすがに釋尊、舍利弗はあの結果から五蘊無常禪觀に徹したことが宜べなはれる。

そこで釋尊のチャーパーラの āyu-saṃkhāro ossaṭṭho 體驗以後は當然の結果として

此の五蘊無常禪觀の意義が方法論的に俄然變らざるを得ずして變つてしまつた。此処に師弟の間に所謂道諦についての齟齬が起つた。

弟子の方は漸く傳統となつて來つゝあつた常套の無常觀に滞留し、師の方は最も新鮮な āyu-saṃkhāro ossaṭṭho の五蘊無常の禪觀となり、其の精練された aniccā saṃkhārā とまでなつた。此の aniccā saṃkhārā の禪觀の極致を弟子比丘等は依然舊套の無常觀に低下させてしまつて、それが帝釋に假託された無常偈となり、釋尊死後二千四百余年傳統して今日に至つてゐる。一方此の樣な事情で釋尊の眞の道諦ともいふものは湮沒《いんもつ》したわけで、事實は無かつたといふことは出來ないのであるが、實際には無いと同樣な事情になることは本紀でチャーパーラ以後の師弟の關係に於いて叙して置いた所であり、其の事は釋尊死後のサンガの所謂小乘、又大乘佛教の事實が實證してゐる通り āyu-saṃkhāro ossaṭṭho の體驗なき限り、五蘊無常の禪觀は一般の生滅無常觀に停滞するよりないのが人間の運命的な、むしろ自然なのである。であるからと云つてそれで可いといふわけにも行かない。と云ふのはそれでは此の根本我執のために人間は人類が存在する限り結局紛糾争闘に終始するだけである。釋尊死後の三國の所謂佛教思想史は思想に迷つたといふよりは其の實際は道諦を求めて迷つた、古人の所謂蘭菊《らんぎく》の美を競つた紛糾であつたし、今でもさうである。それだけで觀れば最早人間には此の打開解決の方法は無いと想はざるを得ないやうにも考へられもする、が全く無いわけではない、唯一つある。それは釋尊のチャーパーラ以後のあの道諦ともいふべき方法をもう一段推進することである。それが卽ち現在吾々が實脩してゐるvaya-dhammā saṃkhārā である。此の實脩方法については本紀には明確を缺いてゐる憾がある。其の意味で道諦の缺典と云ふのである。

當時の釋尊としては自己の經驗から道諦的なものをあれ以上思ひ寄りやうは無かつた。その思ひ極つた止むに止まれぬ情があの vaya-dhammā saṃkhārā, appamādena sampādethâti と、チャーパーラに於ける體驗のマハーヴァナの宣章を、末語として再び繰り返へさゞるを得なかつたのである。

此のマハーヴァナの宣章とクシナーラーの末語とは傳へられてゐる通り全く同一の辭句である、又さうなくてはならないのであるが、爾後三ヶ月經過の間に釋尊の吟味と、それに從つて比丘長老等に對する更めた道諦的な方法の失望の經驗とを含藏するところの差異が起つてゐる。此処に現在吾々が實修してゐる道諦の含蓄を含味し得るのである。

抑、五蘊無常の禪観を凝らし aniccā saṃkhārā の禪観に徹し得ることは例へば釋尊の如き偉器と同等の條件とを必要とすることが考へられる。爾後二千四百年錚々たる古人學匠が皆中道に廢してゐる所以は畢竟 āyu-saṃkhāro ossaṭṭho を識らず、達し得なかつたことに歸されなければならない。

āyu-saṃkhāro ossaṭṭho の如何なるものであるかは其の體驗を以てする以外には有り得ないことは釋尊と他の古人の場合との對比で明かである。吾々は今假りに āyu-saṃkhāro ossaṭṭho の事實を想像して見るとする、各自の經驗までの欲望我執觀念以上は追及し追隨し得ない、此の心境、詳しく云へば一種のかゝる saṃkhāra-paccayā viññāṇam 意識を各人各様の程度に於ける aporia と稱する。其の低級なるものは自暴自棄であり、懐疑、虚無思想等々のリアリズムであり、高級なるものは suññā 空観であつて、此れにも但空《たんくう》、双照中觀空《そうしょうちゅうがんくう》、双遮中觀空《そうしゃちゅうがんくう》、實相等々の形而上學があることは古人の經驗に觀る処である。

かかる aporia 意識に停滞するもの即ち āyu-saṃkhāra の作用である。此処にも停滞することなく猶釋尊の āyu-saṃkhāro ossaṭṭho の言を追及するとすれば遂に釋尊の āyu-saṃkhāro ossaṭṭho の體驗に究極するよりないのであるから、かゝる體驗を知得せんとするには此の體驗以外に無いことが考へられるに至る。其の樣な體驗を體驗するには釋尊體驗直下《じきげ》端的《たんてき》の vaya-dhammā saṃkhārā を純粹に脩習する以外に方法はないことが考へられる。茲に至つて無解の正解が明白となり、道諦が成立する。釋尊はこれを自己の經驗から何処までも五蘊無常の禪觀により竟にそれを saṃkhārā に剋《こく》して aniccā saṃkhārā の禪觀に徹して āyu-saṃkhāro ossaṭṭho の體驗に至らしめようとしたものであったのである。此れはこのやうな實證に依つて原則的には道諦と認めなければならないであらうが、かゝる道諦は釋尊や舍利弗のやうな偉器にして能く堪へ得る所のもので一般の者には道諦たり得ない事は在世の諸弟子、又滅後のサンガの歴史が又實證してゐる所であります。併其の體驗は世の類を絶する偉奇であるだけに自然に眞の一般的な道諦を含藏してゐることは當然であるとは云へ、又奇と言ふべきであります。其の體驗直下の sato sampajāno, āyu-saṃkhāro ossaṭṭho と vaya-dhammā saṃkhārā に由つて端《たん》倪《げい》的《てき》然《ねん》直《じき》下《げ》に方法論が成立して上に述べたやうな實脩法が達成されるわけであります。

と一應書き終つても未だ何か説明が足らないやうな気がするので再三讀み返してゐる内に分つたことは、此の場合適當だと思つて使つた「直下端的」の辭句に其の原因があるといふことです。成る程自分は此れが適當だと考へ使ひはしたが、果して自分の使つただけの意味で讀む者が讀むかといふことに思ひ至ると、それだけでは説明が十分でないと思はれて來る。其の説明の不十分さの原因が何であるか考へて見ると、自分が此の辭句を思ひよつたのは勿論禪宗用語からではあるが、當面自分が言はうとしてゐることの表現には此の辭句が最も緣《ゆか》りある故に聯想されたわけではあつたが、それを使ふ間に無意識に自分の言はうとしてゐる所のものを容れて使用してゐることである。

元來此の「直下端的」なる禪宗用語にしてからが從來一般門外漢の吾々には分つたやうな分らないといふ點では不備なものである。併此の辭句を使つた師家和尚其の人に取つては正さに文字通り其の和尚の「大悟其のまゝ正確分明」であるわけではあつたのです。それなら直下端的などゝ云はずに「釋尊體驗其のまゝ正確分明の vayadhammā saṃkhārā」と言へばいゝわけですが、それでは一般的説明にはいゝかも知れないが、又それだけ意味が通途菲薄になるのを恐れてもつと含蓄あらしめようとして敢へて古典語の傳統を假りたわけであつたのです。

それが又説明の不足を來たすに至つた、といふよりは反つてたまたま自分の説明の不足の要點を明かにし得る機會を促すに至つたといつた方がよい。さすが古典用語だけのことはあるものです。古典用語と云つても時には時代の消長を反映してゐる場合のものもありますが、概しては秀れた古人苦心の雕琢《ちようたく》の傳統に由來するものであるので、今當面の場合のやうな特殊の事由を説明しようとするとき、勢ひ假りなければならなくなる次第ではありますが、さて假りて見ると今度のやうな空前絶後の特殊の事實の説明には其のまま該當する筈のものでないことも亦當然であるわけです。併該當はしなくとも可なり接近してゐるものはさすがにあるわけです。此の直下端的なども其の一つであります。其処で其の接近の意味をたよりにして、其の届かない不足の點を明かにする便宜は矢張りあるのでありますから、以下それをやつて見ます。

直下の方は其のまゝにして擱いて、端的の方は諧聲品字箋《かいせいひんじせん》（康熙十六年刊）に「言其事之端倪的然可見也」と説いて其の章句中の端と的との成語であるといふことです。其処で問題は端倪に移ることになる。そして端倪には先づ山頂水邊、それから本末、終始など、やがて觀察などの引伸義があるとのことですが、此の端倪の成語の古い用例は現存莊子の大宗師中の章句であらうと考へられるのですが、且らく其の一節を抄出して參考の資としませう。「……孔子曰彼遊方之外者也、而丘遊方之内者也、外内不相及、而丘使女往弔之、丘則陋矣、彼方且與造物者爲人、而遊乎天地之一氣、彼以生爲附贅縣疣、以死爲決疣潰癰、夫若然者、又惡知死生先後之所在、假於異物、託於同體、忘其肝膽遺其耳目、反覆終始、不知端倪、芒然彷徨乎塵垢之外、逍遙乎無爲之業、彼又惡憒憒然爲世俗之禮、以觀衆人之耳目哉、……」（『莊子』巻二、大宗師第六）

是れで見ると卽ち方外天地之一氣に遊ぶ所以を叙してゐることは例の莊子一流です。其の態の形容として反覆終始不知端倪芒然彷徨乎塵垢之外逍遙乎無爲之業とありますが、結局端倪なる成語の意が芒然たるわけです。尤不知端倪であるから芒然たるわけでそれでいゝのでせう。それは莊子の側での話で、吾々に取つて初手から丸で端倪の語の意義を知つてゐない茫然とは大いに異らなければならない。其処で端とは何か、倪とは何かと先づ知らなければ莊子の不知端倪は讀めない茫然たらざるを得ないことになります。かう云ふ吾々は莊子の是の奪《だつ》の論も効めがない手合であるとして先づ奪はれる準備に端倪の語義を知らなければならないことになる。

上述のやうに端倪は山頂水邊であるといふ、そしてそれから本末とか終始の意味が引伸されるとある、とどうやら反覆終始と關係があるやうである。それなら反覆終始不知終始と讀んで濟むかといふとさうも行かない。それでは唯無視することゝもなつて奪の意が徹しない。此の句の少し前に惡知死生先後之所在とあるにも照應しないであらう。終始を奪ふには終始の觀念の成立する所以を竭《つく》さなければならないのであるから、此の端倪の辭句が採擇された所以が考へられる必要がある。

先人も此処に考へさせられたのでもあらうか、例へば說文《せつもん》倪《げい》下《か》の段註に、莊子不知端倪、借端爲耑借倪爲題也題者物初生之題也とある。端を借りて耑とすることは分明であるが倪を借りて題であるといふことは分明ではない。說文の耑下に物初生之題也とあつて題の義は既に耑に含まれてゐるから復倪を題に借りる必要はないやうである。茲では此の一例で先人も倪の讀みに苦心してゐることを知ればよいだけです。耑が物初生の題といふことは初生の物を其のしるしと一應認めるまでのことで、それが初生であるかないかは初生であるとする其の以前の限界がむしろ分明でなければならない。其処で端倪の一義として山頂水邊の義を參考すれば倪は涀の假借と考へられて來る。涀は卽ち水邊の義であるからである。其処で端を必ずしも山端の義に取らなくとも物初生の涯際の義に取つて、一應は終始を反覆してはゐるが、再應は其の終始の涯際は嚴密には知れるものではないと奪つたことになるのであらうか。それなら前の悪知死生先後之所在と照應するであらうし、これはやがて大乘般若實相空觀に類するもので禪宗がそれを其の實證的宗旨を表現するに不知端倪芒然でなく、端倪的然と換骨奪胎して其の非思量底脱體の體驗を直下端的と稱する所以であらうことも分つて來る。莊子にしても禪宗にしても其の思想體驗は必竟實相空觀であつて直指人心見性成佛を宗とする端的は所詮 āyu-samkhāra 限界内の事象であることは、āyu-saṃkhāro ossaṭṭho の嚴然たる限界の截然とした體驗の sato sampajāno で始めて分明となり、そして vaya-dhammā saṃkhārā の sato sampajāno こそ實に人類的に空前絶後の初生耑的の唯一の事實であり、從つてそれによつて直下耑的に釋尊チャーパーラ體驗を實脩し得るといふ方法論がここに始めて成立するのである。

āyu-saṃkhāro ossaṭṭho なる sato sampajāno の表現がチャーパーラ・チャイチャで釋尊によつて使用されたまでは āyu-saṃkhāra なる成語は其の以前の古典用例に見當らない、從つて當時の比丘等にも正當に會得されなかつたことは、其の折直接聽いた阿難は勿論、他の弟子比丘等も阿難からそれを聽かされたとき誰一人としてそれを難詰し、訂正したものゝなかつた爾後の傳承文獻によつて明かである。それのみでなく其の阿含中にも此の語の使用されてゐる釋迦說法（Opamma-samyutta.VI: S.II 266）或は又舍利弗說法（Mahāvedalla-sutta. MN.I. 295）中にも見受けられるのであるが、其の前後の文脈から其の用語は全々釋尊のチャーパーラの時の眞意を理解し得てゐない杜撰さを暴露してゐるに外ならないのである。從つて近時の Indologist の中で此のパーリ涅槃經を手がけた二三氏はさすがに此の辭句に何か割り切れぬものを感じたと想はれる跟迹《こんせき》を觀取するのでありますが、其の考察又飜譯は何れも textualism を出ない結果に終つてゐるのは遺憾でありますが、併かかる原文批判の洞察力を缺く所以は必竟 āyu-saṃkhāra に存するのでありますから又止むを得ないことでありませう。

釋尊の此の āyu-saṃkhāro ossaṭṭho なる sato sampajāno は人類の有つ史上全く空前絶後の事件であつたことが明かとなつて見ると之れを說くことの又容易ではないのでありますが、さりとて默して止むわけにも行きません。兎にも角にも出來るだけのことは言はなければなりますまいから言へるだけ言つてみることにします。

先づ āyu なる語の此の場合含蓄するものを考察して見ます。āyu は一般には阿難が聽き取つた樣に「壽命」といふ意味を有つてゐますが、此の用語の沿革を遡つて見ると「持續」の意味の用例に辿り着きます。此処までは語の表現を通して辿り得たものでありますから其の含蓄は所謂觀念であります。それ以上は單なる事實として想像するよりないのですが、其の究極は生物なるものの發生である有機的作用でありませう。これは作用である以上何等かの變化であり、變化は又作用の持續でもあります。其処に於いては吾々は何等の目的々な規定も不可能であります。必竟持續といふことは唯々作用であり、變化であることが想はれるだけであります。かゝる發生當初に於いて已に後來吾々人間が生命と呼ぶ持續の事實を想見し得るのであります。がかゝる持續の事實を現在吾々が稱するまゝの生命を以て直ちに考へてはいけないのですが、其の本質的な點では同じとも考へられるだけのものであります。今假りにこれをも上述の理由で生命と呼んで置きます。かかる生命持續の課題としては所謂生物學的意味に觀て已に幾多の樣相を以てそれぞれ解決達成されてゐるわけであります。卽ちそれは別の語で生殖と呼ばれてゐる事象であります。人類も動物學的には動物の一つである以上此の生殖の意味に於いては已に其の生命の持續を遂げてゐるわけであります。此の意味で永遠なる意味の生命持續の壽命が求められる余地は無い筈でありますことは恐らく他の生物、動物一般の外觀事象と同一であるからであります。それにも關らず人類だけがどうして更らに永遠持續の特別な壽命が追及されるのでありませうか。

宗教や哲學や文學や等々に於いて初めから當然のやうに取り扱はれてゐる問題は、かく省て來れば、已に解決達成されてゐるのであるから問題は無い筈である。それにも關らず其の實狀は唯に問題にされ、繰り返へされしてゐるのみでなく、そのことが文化文明の高度を徵證してゐるかのやうに考へられてはゐるが、同時に數千年來依然として解決もされてゐなくて今日に至つてゐる。此の狀態を推して考へると、若し此の問題が解決してしまふと文化文明の味ひが無くなつてしまひさうにも想はれる觀を呈してゐるやうでもある。尤もかゝる問題にしがみつくには又それだけの理由が無いわけでもない。人間の中には此のやうな問題を有たないものが少くはない、そして其の多くは概して人間的な味ひがなく他の動物と一般な生活に終始してゐる態に過ぎないことになる事實を認めないわけに行かないといふやうなことがある。其処に何か向上の趣が觀取されないでもない、これを又日本では中古「もののあはれを知る」と稱してこれを知らぬものを「こゝろなきもの」とさげすみ呼ぶ風もあつたのです。かうした人間の心の動きが印度人の中には上古から發展してリグ・ヴェーダの時代を經てブラーフマナ期に至つて sarvam āyur eti とまで究められて遂に永遠不死の生命の觀念の極に達しはした、達しはしたがさてそれを保有し、保存し、保全する問題に當面して其の方法として遂に又 ātman 觀念の發揮を觀るに至つた、といふやうな他の民族に比類のない念の入つた體驗の記録を殘してゐる。これで動物一般の事實を越えた人間特有の觀念的な問題も解決したわけであつたのである、がこれが後生の者に取つて常に實證的な問題となつて繰り返へされることになつた。

此の時に當つて釋尊の出家、苦行の結果、五蘊無常無我の一大轉機を見たのである。傳統の佛傳は之れを以て大事完了としてゐるに關らず、今敢へて一大事了と云はずに一大轉機といふ所以は一大事了ではないが其の發端であり、其の事已に空前絶後であるからである。さすがの釋迦其の人すらこれを一大事了と想つた程のものである。此の釋尊の一大事を了したと謂つたことは'amataṃ adhigatam'であつた。併ながらこれは印度民族年來の傳統觀念であり、又人類の運命的なものである。かかる運命的なものゝ一大轉機である五蘊無常無我の禪觀の續く限り、眞の一大事完了は唯々時の問題であつて、其の人の意圖には係はらないばかりか、反してゐても一向に支障はない。此の意味に於いても五蘊無常無我の禪觀は正さに一大轉機であつたのである。爾來四十五年此の幾の熟するに至つて āyu-saṃkhāro ossaṭṭho と sato sampajāno し得たのであつた。

此の時の釋尊には從來の傳統の sarvam āyur eti や又 amataṃ adhigatam の samādhi は實在ではなく、それら悉く āyu-saṃkhāra として ossaṭṭha 既竭した sato sampajāno

があつたのである。從つて阿難や他の比丘等の聞いたやうな單なる通途の壽命を捨てたといふ如き意味のものでないことは明白である。かく明白になつて來れば從來の齟齬の事狀も自ら省えて來るものである。

抑、單なる無意味の作用、變化、持續であつた事象が何時如何なる契機で動物的な課題達成を超えて永遠不死の壽命にまで發展するに至つたかを迹付けて見れば、他の動物に比して人間特有に發達した釋尊の謂ふ所の saṃkhārā 發生以來 sarvam āyur eti の極限まで發達した沿革を、自然の巧妙さを以て總括し得てゐるものが āyu-saṃkhāra なる sato sampajāno であると思はれて來る、と云つたからとて斯れで saṃkhārā 全部を總括したのだと早合點しないやうに今一度言ひ換へると、人類に saṃkhārā が發生して以來釋尊がチャーパーラ・チャイチャで āyu-saṃkhāro ossaṭṭho と體驗するまでの總括であるといふことである。此の樣なチャーパーラの saṃkhārā 體驗はブラーフマナやウパニシャッドの古哲も經驗しない所であるから釋尊獨りを先づ已今當人類の代表として考へるよりないわけで、そして āyu-saṃkhāro ossaṭṭho と同時に vaya-dhammā saṃkhārā が始る、そして斯の事が人類の中で始めての saṃkhārā 完成體驗なので等しく同じ機能でありながら āyu-saṃkhāra とは全く種質を異にしてゐるものである。其処で不死永遠の壽命は上述の āyu-saṃkhāra に屬する事件であることを甄別し得るであらうし、又甄明しなければならないことも明白であらう。

さて āyu-saṃkhāra の極限の發達と上に云つたのはこのやうな意味であつて完成の意味ではない、が併 saṃkhārā 完成には大きな段階をなすものではある。極限と茲で云ふ意味は āyu-saṃkhāra の至極の aporia であるからこの行き詰りは何等か打開されるべき轉機を孕んでゐるわけである。それは本來空虚な庶幾《しょき》の觀念に外ならないからである。其処で人間個の永遠不死の主體實在として ātman が發揮されることになつた。茲に一大轉機が準備されたわけでもあり、又人間が一般動物と別に個的の不死永遠を念願庶幾するに至つた契機をも遡り辿る道標ともなるわけです。卽ち saṃkhārā 發展過程に於いて自我の觀念が成立した時に始るのであつた。斯の事は釋尊のガヤーの五蘊無常無我の禪觀成立の一大轉機からチャーパーラに於いて āyu-saṃkhāro ossaṭṭho と端的に sato sampajāno してゐる所である。從つて不死永遠と云つても遂に動物的 saṃkhārā たるを免れてなかつたといふこと、斯れで人間性と動物性との體驗の限界が截然と明白となるわけである。

　本より saṃkhārā は其の作用過程は幽玄幾**敚**であるのでありますから其の體驗者と雖それを直下端的に表現することは出來ません。況して釋尊のチャーパーラ體驗の如きものです。āyu-saṃkhāro ossaṭṭho の截然たる限界的 sato sampajāno によつて生物發生以來發展した作用の持續の事實から āyu とまで純粹觀念にまで發達したものを甄別し、甄明し得て始めて vaya-dhammā saṃkhārā が人類的に空前絶後たることも耑的にし得たので、それによつて始めて直下耑的の實脩の方法論も成立することが出來る所以なのであります。

　かくして、吾々は斯のチャーパーラに於ける釋尊の體驗の人類空前絶後の一大事實 saṃkhārā、其の唯一の śabda 'vaya-dhammā saṃkhārā' を ājñāta して、直下に vaya-dhammā saṃkhārā と實脩し、其の實脩したゞけ āyu-saṃkhāro ossaṭṭho の sato sampajāno を實證し得る。茲に至つて始めて無解の無解たる所以の正解《しょうげ》の實脩も可能になる段階に達することになるのである。そして、爾後 vaya-dhammā saṃkhārā の

sato sampajāno 實證は唯々體驗成熟の刻々の事實に俟つのみであります。

心の月をあらはして
鷲のお山の跡を尋ねむ

新月やいつを昔の男山　其角

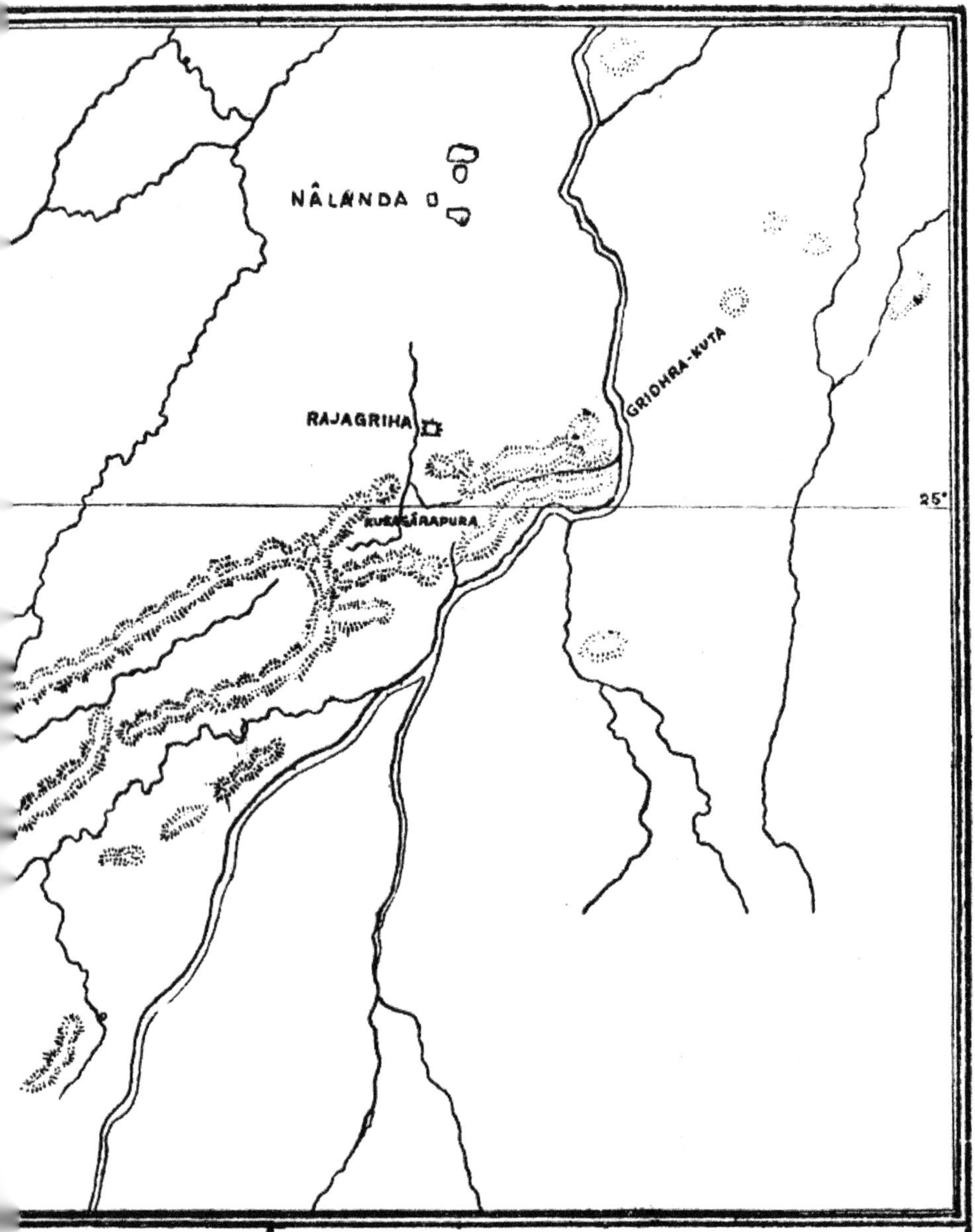

伽耶と鷲峰　8哩が1吋

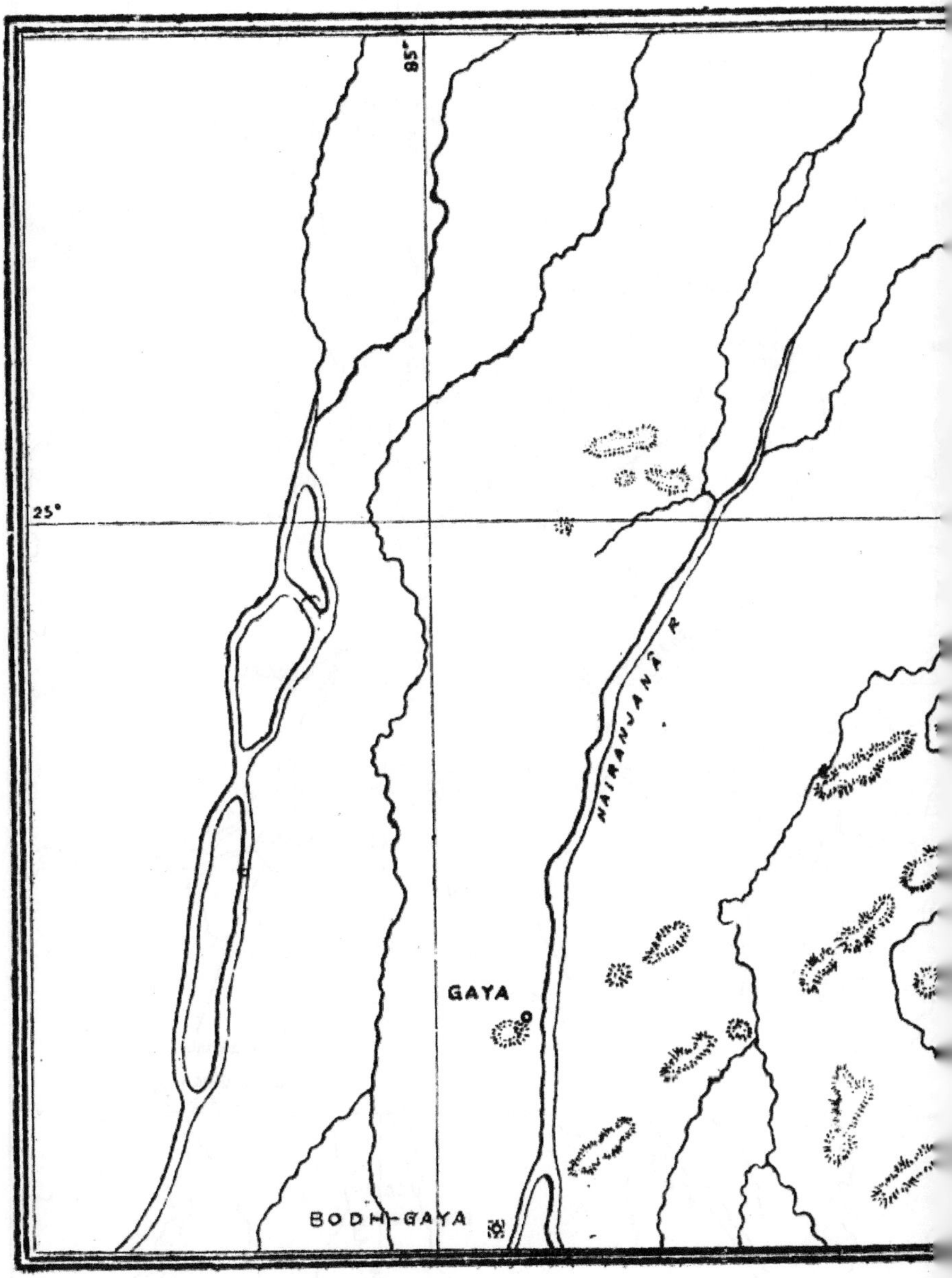
85°
25°
NAIRANJANA R.
GAYA
BODH-GAYA

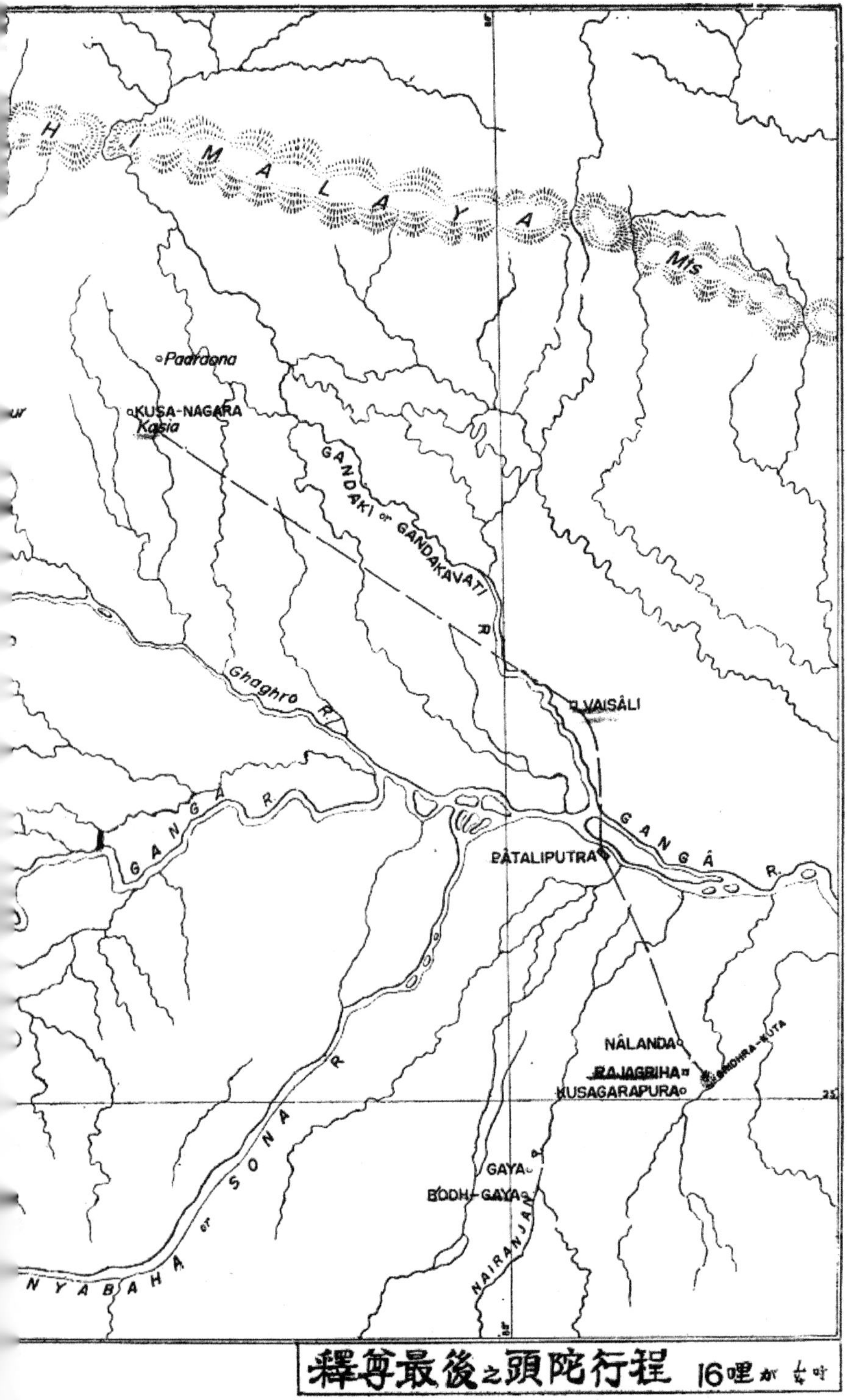

釋尊最後之頭陀行程　16哩が $\frac{1}{4}$吋

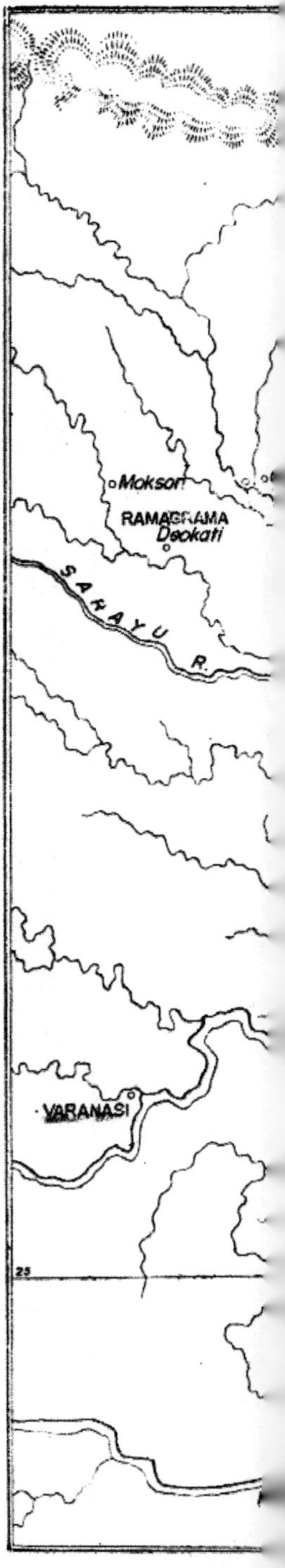
Mokson
RAMAGRAMA
Deokati
SARAYU R.
VARANASI
25

冨永半次郎先生略年譜

西暦	年齢	事績	備考・その他
1883（明16）	1	馬喰町時代〜1924年（大正13年） 2月2日　父半兵衛、母いとえ（泰代）の長男として、日本橋区馬喰町二丁目十五番地に生る。姉てう（鈴木信之氏母堂）、生家は屋号を羽前屋と号し、始め袋物屋を営んでいたが、後に取引先の秋田、山形の商人上京時のための宿屋を営む。	
1890（明23）	8	馬喰町私塾垣見学校（女性塾頭、後に子息これを継いで私立小学校となる）に学ぶ。病弱のため欠席多し、と。 10月30日「教育に関する勅語」発布：「教育勅語がでたのは小学校に入った時位、金で縁取ってその中に刷ってある。いちまいづゝ生徒に呉れた。難しくて読めやしない。だから教育勅語とは縁が深いんだ。」	
1893（明26）	11	妹しづ誕生	
1900（明33）	18	東京府立一中入学、同学に関屋龍吉・栗田庸太郎氏等あり。	

1904（明37）	22	府立一中卒業 第一高等学校英法科入学、同級に岡信次郎・関屋龍吉・三宅正太郎の諸氏あり。	
1907（明40）	25	東京帝国大学法学部入学 この頃より河東節を山彦秀次郎（後に秀翁）に習う。三味線も同氏（万寸見）に習うも、唄の方を主とす。先生は東洲を名乗る。又、尺八を今戸の古童老人に習う。	
1908（明41）	26	帝大文学部英文科に転科する。	
1911（明44）	29	帝大を中退す。	
1914（大正3）	32	秋、鈴木伊三郎・たま子女壽々（数え二十八歳）と結婚	
1915（大正4）	33	歌舞伎「助六」に河東連中（秀翁を含めて唄五人）の一人として出演。十五代目羽左ヱ門が助六を、先代歌右衛門が揚巻を演ずる。	
1923（大正12）	41	3月4日　母堂泰子逝去（享年67歳） 9月1日　関東大震災にて馬喰町の家焼失。幼友達上野氏（小伝馬町足袋問屋）と共に氏の取引先埼玉県行田の足袋屋に家族揃って一ヶ月避難し、後千葉中山寺浄光院に、次いで菅野の中村氏宅（母堂の叔母）に仮寓し、約一ヵ年後、馬喰町旧宅跡新築に帰る。	

1924（大正13）	42	5月頃、浅草区柳橋二丁目十三番地（旧須賀町）に移る。 須賀町に移ってから、天台教学・羅什訳妙法蓮華経の外に、竺法護訳「正法華」との対照研究が行われ、やがて「根本法華」（「国体の信念」付録、著作目録参照）が生まれ、後の「法華精要」（「二」第七号）・「蓮華展方」（著作目録参照）の母体である。当時は「法華プロパー」の呼称が多く用いられた。	
1925（大正14）	43	文部省社会教育局に新設した（財）社会教育会の主幹となり、主として青年に対する文書教育に当たる。↓1928年（昭3）12月、日本青年協会と名称決定。	
1926（大正15・昭和元）	44	2月11日　上記教育会機関紙「アカツキ」創刊号発刊 ○発行兼編集人　冨永半次郎（～昭和5年4月） ○目的：全国小学校課程を修了して実生活についている青年の勉学修養のための同会の青年講座・訓練講座の付録としての性格をもって発行される。一部十銭（送料共）	
1929（昭4）	47	（財）日本青年協会の理事兼学監として、全国から選抜された青年等に対して直接指導に任ず。	國學 徳一
1930（昭5）	48	「勅語」奉戴40年、「徳一」に注目	徳一

1932（昭7）	50	4月　大日本聯合婦人御茶ノ水家庭寮の設立と同時に国語（源氏物語）・漢文（論語）を各々週一回講義。放課後、別に法華経講義、昭和10年10月まで続く。 5月　冨永先生講筵「野鴨会」発足 日本青年協会事業の一つとして学生講習を目的とし、先生により野鴨会（碧巖集第五十三則百丈野鴨子より）と命名さる。 7月頃　会場を本郷の「願行寺」に移す。 9月以降に記す如き諸講筵の会となる。 　集会日は週2回（後に3回）になる。 水曜日午後7時から、聖徳太子・法華経（梵文）・論語などの思想的なものを中心とし、 金曜日午後7時から源氏物語・古今集・其角・碧巖集など文学的なものを中心とした。 以下、上記の分類にて先生の諸講筵を整理する。	
1933（昭8）	51	水曜日の諸講筵 ・法華経（梵文テキスト、1月～12月） ・聖徳太子（4月～）、 ・論語（5月～） ・日蓮聖人御遺文（7月～8月夏休み中）	

1933（昭8）	51	金曜日の諸講筵 ・其角（1月～6月） ・源氏物語（5月～　月） ・日本文学研究（夏休み～11月まで続く） ・奥の細道（12月） 10月10日　尊父半兵衛逝去（享年79歳）	
1934（昭9）	52	水曜日の諸講筵 ・法華経（1月～4月） ・聖徳太子（5月～9月） ・論語（10月～11月） ・維摩経（12～翌年3月） 金曜日の諸講筵 ・古今和歌集（1月～4月） ・源氏物語絵巻（夏休み中）	
1935（昭10）	53	水曜日の諸講筵 ・維摩経（前年暮～3月） ・法華経（4月～6月、5月22日「地皆震裂の意義の箇所」） ・日蓮聖人御遺文（7月～11月） ・史的禅宗観	

1935（昭10）	53	金曜日の諸講筵 ・源氏物語（12月～ 講演、講話、その他 ・「国体の信念」（4月～5月） 6月より女性のために「源氏物語」「論語」の講義が御宅で行われた。 ↓昭和15年の項参照	
1936（昭11）	54	2月26日「事件」の当日の晩の源氏物語の講義は、集る者3～4名であったが、普通に行われ、ただ「今日は何かあったようですから」という言葉で、質疑談話を切り上げて解散した印象深き夜。（千谷） 水曜日の諸講筵 ・論語（6月～9月） ・法華（11月20日～昭和12年10月13日）、同講筵の中に「維摩詰所説教入不二法門品第十九・見阿閦《しゅく》佛品第十二」「アソカ王詔勅」等の講読も挿入される。 6月　川井田氏宅にて源氏物語・法華経講義↓昭和15年の項参照	
1937（昭12）	55	1月「野鴨会」独立し改称、「冨永先生の会」設立 日本青年協会との関係を絶ち会場は再び願行寺に移る。	

1937 （昭12）	55	ただし、協会職員の「先生の会」への個人的参加は行われ、この頃「会」の世話は主として協会の小山門作氏によって行われた。 2月　機関紙雑誌「一」創刊、編輯者　高松　勤、発行者　畔蒜　連 安川第五郎氏より発刊毎に刊行費として金弐百円也を寄付せられ、終刊号（昭和19年10月、第67号）まで続く。 初夏の候　vaya-dhammā saṃkhārā.　を発見 水曜日の諸講筵 ・パーリ大般涅槃経（9月～） ・「法華」終結（10月13日） ・勅語の「一」について（10月20、27日） ・孔子の修養法（11月） ・「克己」の意義、「我」等について（12月） 金曜日の諸講筵 ・其角『新山家』（7月21日～9月上旬） 講演、講話、その他 ・「教育勅語における一徳と法華一乗の一について」 於東大法科（10月8日） ・「私の読んだ法華経について」於大正大学。（10月14日） 『一』特輯号「法華精要」はこの講演に加筆上梓したもの。	10月14日

1938 （昭13）	56	水曜日の諸講筵 ・論語（勅語、詔勅の精神究明の資として）、 ・「孔子好古克己復礼」、「洞山五位古則、天台六則」 「法華と芸術的創作」（2月） ・「聖徳太子」研究（6月～夏休みを除き10月まで続く） ・「パーリ大般涅槃経及び大品の抜粋の資料に基き、仏陀的精神即一徳の精神究明」（11月～12月） 金曜日の諸講筵 ・古今和歌集講読開始（1月～）、仮名序。六歌仙の作風、人物の批判（4月）、撰者の和歌（7月）、恋の部（9月） ・「隆能源氏物語絵巻」（夏休み講読、8月～9月） ・「南方禅における仏陀的精神の究明」（碧巌集） 慧忠国師、南嶽懐譲、青原行思、石頭希遷、百丈懐海、香厳、石霜、曹山等に関する講読（11月～翌14年7月まで続く。） 講演、講話、その他 ・「柳橋夜話」（先生を囲んで門弟四人との談話、雑誌「一」八号、2月21日） ・教育勅語五十周年を記念して新潟県市共同主催にて、県下小中学校長、教頭、青年団指導者に対する「教育勅語について」の講演。（12月）

1939 （昭14）	57	水曜日の諸講筵 ・「四諦説法、五蘊無我、帝釈偈、維摩無生法忍」等々講義開始（1月12日〜） ・「vaya-dhammā saṃkhārā 観心図式」（5月〜7月） ・易経（8月） ・法華経（9月12日〜昭15年3月まで） 金曜日の諸講筵 ・「鎌倉時代の仏教」開始（9月〜昭15年7月まで） ・法然、栄西、親鸞、日蓮の年表、 ・「念仏」 ・前記「碧巌集」に関する講義が続行 講演、講話、その他 ・「国体について」連続講話（日本青年協会、6月15日〜7月4日） ・「国体の本義」（真宗大谷派石川県、9月） ・「釈尊の佛教」（東大佛教青年會、10月）	
1940 （昭15）	58	水曜日の諸講筵 ・「法華経」継続（1月〜4月）、終了（6月）、同補（9月） ・「vaya-dhammā saṃkhārā に依って修正されたる四諦五蘊十八界十二縁起の観心図式」（7月）	

1940（昭15）	58	・「パーリ大品」、「四諦八聖道」の研究（10月） ・「正法の原因とその果徳徳一の相貌」（11月） ・「佛説五蘊」（人間の精神作用過程）vaya-dhammā saṃkhārā と法華所説との対照及び滅後佛教（12月） 金曜日の諸講筵 ・「鎌倉時代の仏教」続、「親鸞（恵信尼書簡）」（1月） ・「正法眼蔵随聞記」、「日蓮」、「開目抄」等（4月～6月） ・「日本文化史」開講（9月11日）、和歌、歌論、連歌など ・「もののあはれ」、「紫式部日記」（10月） ・「俊成、定家」、「紫式部日記」、「まぼろしの巻」（11月） ・「俊成、西行、定家」、「古来風体抄」「俊成」（12月） 五月より女性のための月曜日の講筵、会場を再び御宅に移す。主に「源氏物語」：胡蝶、蛍、常夏、篝火、野分、まぼろし。（5月～12月）源氏物語は「みをつくし」で終わり、講義は「論語」から「法華」になり、18年まで継続し、最後は唯識論になった。	
1941（昭16）	59	水曜日の諸講筵（前講続） ・「一徳の方法として己心中所行の vaya-dhammā saṃkhārā の吟味」（以下「吟味」と称す）（9月～）	

1941（昭16）	59	・「有機的力の場の消長段階として見たる生物の精神作用過程発展系列」（12月4日）（『一』第三十四号所収） 金曜日の諸講筵（前講続） ・「連歌」、「正徹、心敬、宗祇」（3月～4月） ・「茶道」序＝珠光と義政、珠光以前の茶と禅との関係、紹鷗と茶の精神、「わび」について紹鷗の侘を中心として（5月） ・「利休（南方録）」、茶道結論、「美術」（6月～9月まで） 日本文化史「剣道に於ける武士道の道」開始（9月より） ・「針谷夕雲」、「夕雲流剣術書」（10～11月） ・「白井　亨・兵法未知志留邊」（12月） 月曜日の諸講筵（「源氏物語」続） ・「若菜・上」（9月～11月）	
1942（昭17）	60	水曜日の諸講筵 ・「吟味」続（1月～7月） ・「唯識三性観、五重唯識観」（4月） ・「中観論有無品偈」（5月） ・「吟味」続（9月～12月）	

1942（昭17）	60	金曜日の諸講筵 ・「剣道史」続（1月~5月） ・「元田永孚書簡、教育勅語」（6月） ・「剣道史」了、日本文化史俳諧「芭蕉」（7月） ・「みなし栗」（8月） ・「芭蕉」（9月~12月） 講演、講話など ・「釈尊の正覚」（8月）、佛教讃仰史談会主催	
1943（昭18）	61	水曜日の諸講筵 ・「吟味」続（1月~8月） ・「吟味」続、（9月~7月） ・「吟味」続、「唯識二十頌」（梵本テキスト）検討始まる。 金曜日の諸講筵 ・前講続「奥の細道」、「三冊子」（1月~8月） ・「猿蓑」を以て「日本文化史（俳諧）」了（8月25日）、 以後金曜日の講筵なし 講演、講話、その他 ・先生還暦祝賀会（2月2日）於偕楽園 ・「徳一・徳二三と民族の興亡の関係」（5月下旬）第一高等学校主催	

1944（昭19）	62	水曜日の諸講筵 ・「吟味」続「唯識」（1月〜10月） ・「吟味」続「釈迦と世親」（11月） その他 ・講筵会場移転（4月19日、空襲の危険あるため、植木屋での講義を最後に会場を御宅に移す） ・雑誌「一」（67号）刊行、印刷所戦災による焼失の為「67号」で終刊号となる。（10月31日） ・蠟八の暁の夢の目覚めかな（12月8日）	
1945（昭20）	63	戦災による移転など ・罹災〜先生御宅戦災にて焼失（2月25日） ・大森区田園調布　栗田庸太郎氏方へ避難（3月3日） ・田園調布出立　小柏丑五郎氏方に疎開（4月28日、同日記　群馬県北甘楽郡新屋村大字甘引字久保） ・群馬県北甘楽郡新屋村小舟田中清三郎氏方へ移転す。（7月22日）田中氏令兄の母屋から離れて、縦四畳敷、一坪土間、北西に濡れ縁伝いに厠のある小屋であった。	
1946（昭21）	64	・手記「正覚に就いて」再開（5月16日）	

1946(昭21)	64	・後に「正覚に就いて」と題するガリ版印刷、更に「ヴァヤダンマー・サンカーラー」と改題印刷（昭和22年3／10～18までの手記）したるものの大学ノート手記開始される。（12月16日） ・小舟日記抄 ○月○日（田中）清三郎君の總領むすこの勝久君當年六つになれるが自ら摘みし薺一握ほど呉れたるをひたしにして汁のつまとしたるに其の色目醒ばかりなり 　若みとり児とも摘みし薺かな ○月○日　こぞの秋此の小舟の山里のものとなりて、今年此の月半ば頃より若鳥の鳴き出でたる中に、鶯の初音を聞きつけたるに初り、其の後折々聞く中にほとゝとぎすのまじれるが聞かれたるなど六十年始めてのことなればふと其角が句 　若鳥やあやなきねにもほととぎす うなづかれぬ。此の句は元禄三年いつを昔に初出なれば、其角三十歳以前のものなるべし。其の頃は江戸にてもかゝる興もありたりけりと偲ばれぬ。 二月廿二日　今朝殊に寒し、晴、風なけれども 　若鳥の朝また寒し羽風哉 二月廿四日　晴、風無し、寒さ少しゆるむか。朝早く勝久君母親の使ひにて「おばちゃん、この芋、味噌汁に入れてくんない」とさつまいも一

1946（昭21）	64	つ持ち来る。早速朝の味噌汁の身にしたれば味甚だ甘し、六十二毛の身幼心になりぬ。 唐芋の味噌汁甘し稚子心 この句他には無季と見ゆれど、自らは藷甘し、を春の季と立てゝものせるなり。そもそも此の里にてはジャガ藷を三得と呼べり、鹿児島にては薩摩芋とは云はず唐芋といふとかや、尤ものことなるべし。もと舶来のものなればにや。薩摩の唐芋は甘藷先生の備荒の論によりてサツマ藷の名広まりたり。ジャガ芋の三得の名を得たるは高野長英、此の地に些かの因みありて、其三毛の得あるを以て然か呼びて備荒の論著ありしに因れるものなるらし。古人の言空しからざるも、今は此の芋買い出しの人目もかれたる山里なれば芋の穴もあれ、東京にては一貫目数十円のよし、あはれなり。 小雪少しふりての夜 いつの間におほろの月の笹の雪（12月28日の句）	
1947（昭22）	65	染めかねて枩をしくれの時をりに 昭和22年元旦去年回想 神国もかみさみにけり歳の暮 おやあれは鶯か春まだき（1月14日朝） 1月15日の句 この春は一句もなくて明けの春	

1947（昭22）	65	仁徳のみかどの古をしぬひまつりて めしかまとたはこのけむも春日哉 丑寅の未明寤覚めてふと 道諦やあゝら悪魔も正覚の春 1月1日　寒気殊に厳し　晝間零下三度、日暮れて厠に立てば 縁の前なる篠笹に薄雪を知る 笹の雪根岸の里も思はるゝ（1月17日） 深夜　暁暗軒を仰げば 月落ちて霜天かけり飛ぶ北斗（1月28日） いぬ鶏の声もかすむか春立ちて（2月7日） 五日立春にてありしを想ひ出す 夢どのに夢の浮橋のどかなる（3月8日） 「ノート手記（八）～（十九）」は刊行の運びには至らなかった。 ↓二一六ページ下段三、参照 2月2日　富岡木村老台等三人来訪、下仁田吉岡来。午後高崎より高橋君（来りて）小山君自ら将来のベートリンクを届け来る。此梵独辞書は昨秋来、吉岡君・小山君の骨折にて今春手に入れたるものなり。今仏陀伝の漫稿に当って最も時を得たるを悦ぶ。 3月14日　1℃、うぐひす朝一声二声を聞く。

1947（昭22）	65	此山里の今年の初音である。前年より遅れたやうなのは寒かったせいか。 4月23日　前月27日を以て執筆を中断したるを執筆再開す。 6月11日、水、梅雨、昨夜来の雨がつづいてゐるのである。きのふ夕暮より降り出したのであった。夜半寝ざめて北のぬれ縁に出ればすっかり梅雨となって眼前は真暗である。晦日に近い下弦の月もまだ上らないであらう。 　かきつばたあやめも分かぬ五月雨 8月30日　執筆中断　9月12　執筆再開 9月24日　中断して一連の「ノート」終る。 10月30日　擱筆	
1948（昭23）	66	2月末頃　パーリ大般涅槃経（3-37）「āyu-saṃkhāro ossaṭṭho」の新解釈によって仏伝の新解釈を生み、御研究の一つの転換となる。 3月18・19日の両日　舎利弗の「Dhamman-vayo vidito」に関する考察的手記あり。 6月　「釈迦最後一ヵ年伝記」の構想的原案あり。後の「釈迦仏陀本紀」草案と見られる。	

1949（昭24）	67	8月12・13・14日に亙り、ゲーテ最後書簡の第一・第二節の試訳と考察。 8月19日　同書簡後半の一部試訳、「ファウスト」第二部 11840 ~ 11843 行の試訳と考察の手記あり。其の後の円熟期ゲーテ研究の発端となる。 初夏　雑誌「群像」所載高橋健二論文「トーマスマン」より、篠原房男氏ゲーテ最後書簡の存在を知り、先生と連絡の下に原文を見たき旨の要請ありて、千谷・諏訪東大独文相良守峯教授よりワイマール版ゲーテ全集閲読の許可を得て当該書簡を書写し、タイプにして小舟に届ける。 8月初旬　千谷訪問の折に先生より浦和杉本氏宅に移りたき希望ありしため、千谷発起して東大病院好仁会に在京有志の参集を請いて、浦和にお迎えする準備の打ち合わせをする。参集者約二十名、会費制を定める。 9月10日　小舟より杉本一六氏宅へ移転（浦和市大谷場１３０）。槙野勇氏乗用車・トラックを準備し、千谷・田中清三郎氏それぞれ分乗して浦和に案内。八畳に先生家族３、六畳に千谷親子３、玄関３畳に杉本夫妻という同居生活が始まる。 　以後、昭和34年7月12日の先生の発病に至るまでの約十年間、次下の形で浦和の会がつづけられる。（小舟時代に臨時的に「三宝会」の呼称が用いられたことがあったが、浦和以後は特別の会名を設けず、時に「冨永先生の会」を用いることもあったが、仲間の間では「浦和の会」であった。） (土) 比較的古顔の集りで、先生を中心とする輪読研究の形式で進められた。

1949（昭24）	67	一、パーリ大般涅槃経、大品第一篇、及び梵本法華経の史資料的採択と訳文作製。これらの成果は先生多年の御研究に須って、「釈迦仏陀本紀」・「大品第一篇要訳」・「蓮華展方」等として上梓。アソーカ王詔勅の訳文作製も行われたが上梓に至らなかった。但しグラマン附テキスト・詔勅グロッサリーはガリ版で完成している。詔勅テキスト作製は大野達之助氏による。 二、円熟期ゲーテ研究 70歳以降のゲーテ資料（「古言オルフォイス」「マリーエンバート三部曲」等）、ファウスト、及びファウスト完成に至るまでのゲーテ直接資料（書簡・日記・談話）の整理翻訳の業。 書簡・日記はワイマール版より諏訪が採択す。東大独文研究室では借出しができないので、阿部秋生氏を介して駒場一高図書館より二冊宛ぐらい借出した。談話は千谷がビーダーマン父子二代の手になるゲーテ談話集より採択す。 これによってファウスト研究に関する参考資料の厖大な収集と整理を見た。但し、ファウスト第二部第三幕「ヘーレナ」の訳文は原稿のまま未刊、また「ファウスト文書」も大部分が未刊である。 輪読の為の「テキスト」のガリ版印刷は詫摩武元氏によって行われ、「ファウスト第一部要訳」「ファウスト第二部第五幕」の印刷は松沢病院内印刷所で完成された。

1949（昭24）	67	三、其角研究 昭和28年秋頃から勝峰晋風編「其角全集」によって冨永先生が講義されたが、32年12月21日より、今泉準一氏が独自のテキストと注を附したるものを、同じく詫摩氏によってガリ版刷りにして、これを中心として行うこととなる。 （日）比較的新顔の人々が昼過ぎより夕刻まで自由質問をして、先生のお話を拝聴する。土・日の集まりで重複する者少なからず。土・日以外の訪問者も亦少しとせず。氏名略す。 11月「ヴァヤダンマー・サンカーラー」の刊行。戦後の会として最初の活字印刷上梓。印刷所に原稿を手渡して一年半後に漸く上梓となった。日下清氏より用紙寄贈、印刷費の寄贈ありしも、印刷所の不誠実のために遅延した。	
1950（昭25）	68	4月12・13日「釈迦仏陀本紀・奥書」、14日「同・前書」、19日「同・はしがき」の草稿成る。 11月15日「釈迦仏陀本紀」上梓成る。 11月19日～12月10日「ファウスト悲劇第二部第五幕」訳了 12月7日「神秘の合唱」訳 初夏　杉本宅玄関の間を取り払って、新八畳を増築し、先生御家族この部屋に移り、先生終生の間となる。	

1951（昭26）	69	3月10日「大品第一篇」（ガヤー五蘊無我正覚の参考資料）要訳 4月5日「ファウスト悲劇第一部」の抄訳（其の一）訳了 5月10日より「釈迦仏陀本紀余論」の執筆開始	
1952（昭27）	70	9月25日「蓮華展方」（原述作者の法華経）刊行 11月 ゲーテの「マリーエンバート三部曲」の参考文書（独文）刊行	
1953（昭28）	71	2月 杉本家近くに移転し、旧宅は爾後千谷宅に変更 3月 ゲーテの「マリーエンバート三部曲」の参考文書の和訳刊行	
1954（昭29）	72	3月5日「釈迦仏陀本紀余論、其の一」刊行	
1957（昭32）	75	日独交換教授として滞独中（1955～57）の菊池栄一教授、ドイツ・ゲーテ協会「ゲーテ年鑑」に「日本におけるゲーテ」と題する論文を発表し、その中で浦和における冨永先生を中心とするゲーテ研究を十数行に亙って紹介す。 EIICHI KIKUCHI: 'Goethe in Japan'. Goethe.Neue Folge des Jahrbuchs der Goethe-Gesellschaft. S.136, Bd.19, 1957 12月21日（土） 今泉準一氏作製による其角資料をテキストとする其角研究始まる。	

1959（昭34）	77	7月12日（日）午後3時頃、御講話中に軽微の脳出血症状あり、直に臥床。軽微の右半身麻痺と軽微の言語障害を示す。 「釈迦仏陀本紀余論」の執筆は前日の11日を以て中断し、此の部分を含む「其の二十二」で以て余論は終刊となる（昭和38年9月10日刊行）。爾後土曜日の定期研究会は隣室の千谷部屋で続行したが、終に再び冨永先生が此の方へは臨席される機会を得るに至らなかった。 10月2日「余論」の執筆を再開され、昭和37年3月18日まで執筆を見た。此の部分は分量が少なく刊行されるに至らなかったが、昭和39年桜井保之助氏の尽力により、ゼロックス複写にて一部の方に配布された。 10月中旬頃より日曜日の集りは、長時間に亘らぬ範囲で再開され、逝去の１０日前ぐらいまで行われた。	
1961（昭36）	79	「本紀・余論」（セット）をコロンビア大学へ寄贈 6月1日附編者による「釈迦仏陀本紀及び其の余論の紹介」の一文あり。右は池田首相訪米して、コロンビア大学名誉教授の称号を受けたる返礼として、日本の現代の代表的著作を同大学図書館に寄贈した一部として、本紀及び余論の全巻を贈りし折の紹介文で、風間喜代三氏英訳す。寄贈書の選択は田村氏による。	
1962（昭37）	80	3月18日附を以て「続余論（ノート其の五十一冊）」絶筆となる。	

1963（昭38）	81	9月10日「釈迦仏陀本紀余論、其の二十一」の刊行を以て終刊となる。	
1965（昭40）	83	5月6日　午後6時　帰寂、臨終に奥様・令妹・医師牧野勉氏・千谷七郎外侍す。 5月8日　荼毘 5月9日　菩提寺慶安寺にて葬儀、埋葬、享年八十二歳 （〒165－0011 東京都杉並区梅里1－4－24）	
1972（昭47）		2月16日　奥様逝去、享年八十四歳（明治21年12月1日生） 上記菩提寺に埋葬	
1989（平元）		7月3日　令妹静様逝去、享年九十六歳 （明治26年4月4日生）　上記菩提寺に埋葬	

冨永先生主要著作目録

Ⅰ 戦前――戦中（在東京、1945年2月）

一、雑誌『アカツキ』（大正15年2月11日創刊）

発行所　文部省構内（財団法人）社会教育会

発行者兼編輯人　社会教育会主幹　冨永半次郎

タイトル	巻・号	発行年月日
本講座を読まるゝ青年諸君に	2・1	昭和2年（1927）1月11日
創刊一周年に当りて	2・2	2月11日
若さ	2・8	8月1日
故芥川氏の遺書に引証された阿含経の経意について	2・9	9月1日
ハダカの修養	2・10	10月1日
好日	4・1	昭和4年（1929）
怨親一如について	4・3	3月1日
疑心暗鬼（一）	4・4	4月1日
疑心暗鬼（二）	4・5	5月1日
疑心暗鬼（三）	4・6	6月1日
疑心暗鬼（四）	4・7	7月1日
アソカ王の法誥摘要	4・11	11月1日
国學講座　第一講　養正	10・1	昭和10年（1935）
修養の極意	13・12	昭和13年（1938）12月1日

二、雑誌『一』(昭和12年2月25日創刊)所収諸講義

編纂者　高松　勤　発行者　畔蒜　連

a 法華講義

タイトル・内容	号数	発行年月日
・創刊の辞 ・序論、経題	創刊号	昭和12年(1937)2月25日
・経題	二	同年4月30日
・特輯:法華方便品のテーマについて——十如是に縁って	三	同年6月30日
・法華経に於ける問題の解消とその実践 ・経題	四	同年9月30日
・経題	五、六	同年11月30日 昭和13年(1938)2月10日
・特輯:法華精要	七	同年2月20日
・法華と芸術的創作	八	同年4月22日
・序品	九、十	同年7月15日 10月5日
・特輯:釈迦仏陀の正法　第一部　Mahāparinibbāna に拠って	十一	同年11月25日
・同　第二部　Mahāvagga に拠って	十二	同年12月25日

・特輯：阿育王刻文抄	十三	昭和14年（1939）4月15日
・特輯：Vaya-dhammā saṃkhārā の観心図式並びにその余論	十四	同年 7月25日
・法華 ・方便品	十五、 十六	同年 9月10日 12月25日
・方便品	十八、 十九	昭和15年（1940） 3月31日 6月15日
・見宝塔品	二十一	同年 9月30日
・見宝塔品（二）	二十三	同年 12月30日
・見宝塔品（三）	二十四	昭和16年（1941）2月17日

・見宝塔品（四）	二十八	同年 6月19日
・見宝塔品（五）	二十九	同年 7月19日
・見宝塔品（六）	三十	同年 8月19日
・従地涌出品開序　サガラ王物語	三十二	同年 10月19日
・従地涌出品（二）	三十三	同年 11月13日
・従地涌出品開序　サガラ王物語（二）	三十四	同年 12月3日
・涌出品（三）	三十六	昭和17年（1942）2月13日
・涌出品（四）	三十九	同年 5月13日
・涌出品（五）	四十二	同年 8月13日

・法華　終回	四十六	同年12月13日

b 教育勅語に関連

・（教育）勅語の「一」に就いて	五、六、八、九	昭和12年（1937）11月30日～昭和13年（1938）7月15日
・勅語の「一」に就いて克己の具体的要領	十	同年10月5日
・勅語の一徳についての謹講	十四	昭和14年（1939）7月25日

c 論語

一、孔子の理想——政治	創刊号	昭和12年（1937）2月25日
二、徳治（政治）、三、徳の字義 四、徳治と徳教との対象	二	同年4月30日
五、孔子の徳観、六、知命と徳	四	同年9月28日
六、知命と徳（つづき） 七、知徳と智識	六	昭和13年（1938）2月10日
七、知徳と智識（つづき） 八、中庸の徳	八	同年4月22日

d 聖徳太子

・聖徳太子（一）殊に憲法十七条に就いて——序	十六	昭和14年（1939）12月25日

・同（二）、（二）篤敬三宝	十七	昭和15年（1940）2月5日
・同（三）、（三）承詔必謹、（四）以礼為本	十八	同年3月31日
・同（四）、（五）……（十）	十九	同年6月15日
・同（五）、（十一）……（十七）総括	二十	同年7月30日

e 史的禅宗観

史的禅宗観（一）・禅宗探究法、三宝記、高僧伝など資料、禅の系統、般若思想と瑜伽主義	創刊号	昭和12年（1937）2月25日
同（二）・禅と孔子、老荘思想	四	同年9月28日
同（三）・竜樹（般若思想）と習禅者	五	同年11月30日
同（四）・菩提達磨、六祖以前の習禅者	六	昭和13年（1938）2月10日
同（五）・二祖慧可、	八	同年4月22日
同（六）・三祖僧燦、四祖、五祖	九	同年7月15日
同（七）・慧忠国師	十五	同年9月10日
同（八）・南嶽懐譲、青原行思	十六	同年12月25日
同（九）・馬祖道一	十八	昭和15年（1940）3月31日

同（十）・同上（続）	二十	同年 7月30日
同（十一）・石頭希遷	二十一	同年 9月30日
同（十二）・百丈懐海	二十二	同年 10月30日
同（十三）・南泉普願及び禅宗要結（一）	二十三	同年（1940）12月30日
同（十四）・盤山宝積　付 普化、禅宗要結（二）	二十六	同年 4月19日
禅宗要結（三　完）・補充	二十七	同年 5月19日

f　鎌倉時代の佛教（昭14秋以後連講）

・鎌倉時代の佛教（一）序	十七号	昭和15年（1940）2月5日
・同（二）最澄の宗教	十八	同年 3月31日
・同（三）最澄と空海、徳一との関係	十九	同年 6月15日
・同（四）密教の実体	二十	同年 7月30日
・同（五）慈覚、智證、安然の顕密会通	二十一	同年 9月30日
・同（六）日本念仏発生の源由	二十三	同年 12月30日
・同（七）日本念仏の発生期	二十五	昭和16年（1941）3月17日
・同（八）慧心僧都と檀那院僧正の念仏	二十八	同年 6月19日
・同（九）原始的無常観の展開	三十	同年 8月19日
・同（十）いろは歌と融通念仏	三十四	同年 12月13日

・同（十一）法然と念仏思想	三十六	昭和17年（1942）2月13日
・同（十二）伝統仏教の総括、アショーカ王詔勅、根本法華	三十七	同年 3月13日
・同（十三）帰依仏教の沿革	四十五	同年 11月13日
・同（十四）親鸞と念仏（前）	四十六	同年 12月13日
・同（十五）同上（後）	四十七	昭和18年（1943）1月13日
・同（十六）念仏と禅	五十六	同年 10月30日
・同（十七）禅宗	六十二	同年 5月30日

・同（十八）頓悟主義批判	六十五	昭和19年（1944）8月31日
・同（十九）禅宗	六十六	同年 9月30日

g　日本文学、日本文化に関連

「晋子句集御講義」	九号	
「古今和歌集」	十、十五	
「其角（一）序、みなし栗以前」	二十四	
「夕雲資料特輯」	三十一	
「其角（二）虚栗集」	四十五	
「剣道に於ける武士道の道」（一） 「同上」（二） 「同上」（三）	四十九、 五十三、 五十四	

「俳諧と芭蕉（一）序」	五十七	
「同上（二）青年期の芭蕉（貝おほひ前後）」	六十五	
「八紘為宇と養正・一徳」	五十九	
「茶道」（１９４１年、昭和16、五月～七月）	六十	昭和19年（１９４４）
「日本国体精神と吾々の実践」（一～三）	六十一～三	昭和19年（１９４４）

h　一徳の方法として己心中所行のヴァヤダンマー・サンカーラーの吟味（以下吟味と略す）

吟味（一） ・Vaya-dhammā saṃkhārā とは？辞書の定義、パラフレイズ、西欧学者の見解、五蘊との開合	三十五号	昭和17年（１９４２）1月13日
吟味（二） ・dharma(saddharma) について、法とは？四聖諦について	三十七号	同年3月13日
吟味（三） ・saṃkhārā について、十二縁起観、無常観	三十八号	同年4月13日
吟味（四） ・苦集諦について、苦とは？nandirāga（染着）とは？	四十号	同年6月13日
吟味（五） ・苦滅諦について、八正道について、Vedanā（受）とは？　無常偈と十二縁起	四十一号	同年7月13日
吟味（六） ・五蘊無我について、末語について、無常偈とアソカ王	四十三号	同年9月13日

吟味（七） ・無常偈批判、無知、ソクラテス、 vijjā (avijjā)	四十四号	同年 10月13日
吟味（八） ・vijjā の発展段階―生物の進化、 五蘊系列と saṃkhārā	四十五号	同年 11月13日
吟味（九） ・五蘊観と我執、カント、ファウストと不死	四十六号	同年 12月13日
吟味（十） ・五蘊観の考察、saṃkhārā 考察、徳と心、	四十七号	昭和18年 （1943） 1月13日
吟味（十一） ・無明―行―識批判、自我の錯覚、 五蘊正観と末語の総括	四十八号	同年 2月28日

吟味（十二） ・十二縁起観と法華経と Vaya-dhammā saṃkhārā の比較考察、 「縁起観発生の迹付案（図式）」	五十号	同年 4月30日
吟味（十三） ・十二縁起観発生の沿革、 識五蘊縁起輪の発生	五十一号	同年 5月30日
吟味（十四） ・縁起観発生の批判的考察、釈迦、孔子、ソクラテスとの比較	五十二号	同年 6月30日
吟味（十五） ・Socrates の無知論、孔子の知命論、禅家の無路	五十三号	同年 7月30日

吟味（十六）・Vaya-dhammā saṃkhārā と伝統的仏教思想との比較考察、唯識論（vijāpti matrata）、唯識二十頌、同一、十、二十二章	五十四号	同年 8月30日
吟味（十七）・唯識三十頌、般若心経所説、各章の検討吟味	五十五号	同年 9月30日
吟味（十八）・upalabdhi（知覚、八章）について、十、十五、十六章の要点、マナス、アラヤ識	五十七号	同年 11月30日
吟味（十九）・十七章以下の道諦論、	五十八号	同年 12月30日
吟味（二十）・二十、二十一章、唯識三性観、二十二～二十五章	六十一号	昭和19年（1944）4月30日
吟味（二十一）・二十一章	六十二号	同年 5月30日
吟味（二十二）・二十～二十五章の要約（未完）	六十四号	同年 7月31日

三、単行本

タイトル	**発行年月日**	**編集者・発行者等**
『国体論の研究資料（佛教の部）』	昭和9年1月	日本青年協会編
『世界文明批判』	昭和9年11月30日	社会教育会
『教育勅語承謹』	昭和14年9月5日	畔蒜連、冨永先生の会
『国學』	昭和15年3月	日本青年協会
『教育勅語の御精神』	昭和15年8月25日	内務省警保局警察協会

『国体の信念付録　根本法華』	昭和17年4月20日	編者　横沢高記　発行者　畔蒜連　発行所　承謹会
『剣道に於ける道』付録　夕雲資料　石塚寿夫編	昭和19年10月5日	発行者　湯川龍造　発行所　中央公論社
	戦後	
『ヴァヤダンマーサンカーラー』	昭和24年（1949）	三宝会
『正覚に就いて』	昭和59年（1984）	「釈尊の仏教」刊行会
『釈迦仏陀本紀』	昭和59年（1984）	「釈尊の仏教」刊行会
『聖徳太子』	昭和60年（1985）	「釈尊の仏教」刊行会
『国文学の基本』	昭和62年（1987）	「釈尊の仏教」刊行会

II 戦中（群馬県小舟在住、1945年、昭和20年四月）～戦後（帰京、1947年、昭和24年）

一、『正覚について』ノート（一）～（七）

執筆期間（自昭21・12・16～至昭22・3・8）

	自　年・月・日～ 至　年・月・日	備考
（一）	（昭）21・12・16 ～21・12・22	上記単行本『正覚に就いて』（昭和59年発行）に収録（以下同じ）
（二）	21・12・22～22・1・12	
（三）	22・1・13～22・1・18	

（四）	22・1・19〜22・1・26	
（五）	22・1・27〜22・2・13	
（六）	22・2・14〜22・3・1	
（七）	22・3・2〜22・3・8	

二、単行本『ヴァヤ・ダンマー・サンカーラー』

月日	タイトル	編輯・発行者等
昭和24年11月20日	上記『正覚について』を改め、『ヴァヤ・ダンマー・サンカーラー』とす（執筆期間 自22、3、10 至22、3、18）	編者 千谷七郎 発行者 杉本一六 発行所 三宝会

三、ノート（八）〜（十九）：未刊

執筆期間：自昭22年3月19日〜同年9月24日）

（八）	自昭22・3・19〜3・26
（九）	自昭22・3・26（続き）〜3・29
（十）	自昭22・3・30〜4・15
（十一）	自昭22・4・15（続き）〜4・27
（十二）	自昭22・5・21〜5・30
（十三）	自昭22・5・31〜6・9
（十四）	自昭22・6・10〜6・13
（十五）	自昭22・6・14〜6・19
（十六）	自昭22・6・26〜7・6
（十七）	自昭22・7・7〜7・19
（十八）	自昭22・7・23〜8・5

(十九)	自昭22・8・22～9・24

III 戦後（釈迦 Cāpalā 体験発見、1948年、昭23、2月～没年1965年5月）

(一) 仏教関連

a 単行本『釈迦仏陀本紀』：『大品第一篇要訳』：『蓮華展方』

発行年月日	タイトル	編輯・発行者等
1950年(昭25) 11月15日	釈迦仏陀本紀	編者 大野達之助 千谷 七郎 諏訪 紀夫 安川 定男 風間 敏夫 発刊者 杉本 一六
1951年(昭26) 3月30日	大品第一篇要訳（ガヤー五蘊無我正覚の参考資料）	同上
1952年(昭27) 9月25日	蓮華展方（原述作者の法華経）	同上

b・単行本『釈迦仏陀本紀余論』

編集兼発行責任者 千谷 七郎

発行年月日	冊	執筆期間 自	至
昭29、3、5	其の一	昭26、5、10	昭26、8、17
29、11、20	其の二	26、8、19	26、12、31
30、8、20	其の三	27、1、2	27、4、3
31、5、5	其の四	27、4、4	27、8、18

31、10、5	其の五	27、8、19 27、10、31
32、4、20	其の六	27、11、1 28、2、13
32、10、20	其の七	28、2、14 28、4、14
33、3、30	其の八	28、4、15 28、7、18
33、6、30	其の九	28、7、19 28、11、20
33、10、30	其の十	28、11、22 29、4、3
33、12、20	其の十一	29、4、4 29、10、8
34、5、25	其の十二	29、10、9 30、1、22
34、10、25	其の十三	30、1、24 30、5、4
35、5、15	其の十四	30、5、5 30、10、14
36、1、25	其の十五	30、10、15 31、2、9

36、8、20	其の十六	31、2、12 31、8、19
37、5、20	其の十七	31、8、20 32、3、31
37、10、5	其の十八	32、4、1 32、10、10
38、3、20	其の十九	32、10、11 33、5、24
38、7、20	其の二十	33、5、25 34、1、1
38、9、10	其の二十一	34、1、2 34、7、11
	ノート五十・五十一冊（未刊）	34、7、11～37、3、18（コピー版）

（付）釈迦仏陀本紀余論参考のスッーパ沿革（編集者　保坂三郎）

編者　保坂　三郎

(二) ゲーテ『ファウスト』関連

a ゲーテ書簡（独文と和訳）、『ファウスト』和訳

(1) ウィルヘルム・フォン・フンボルト宛(1831年12月1日、草案抄)	昭和24年9月25日	編者千谷七郎
(2) ウィルヘルム・フォン・フンボルト宛(1832年3月17日)	昭和26年4月5日	
(3)『ファウスト』悲劇第一部抄訳	昭和25年12月8、10日	
(4)『ファウスト』悲劇第二部（第五幕）和訳		

b ゲーテ円熟期に於ける根本資料（編者千谷七郎）

(1)「古言。オルフィシュ」に就いて(1820年) 独文と和訳	昭和24年11月3日	
(2) エルンスト・シュティーデンロート著『精神現象と心理学、第一部』（伯林1824年）を読みて 独文と和訳(1825年「文芸と古代」5、2、168～70頁より)		

c マリーエンバード関連

(1)マリーエンバードの三部曲、独文と和訳	昭和24年12月25日	(編者同)
・アイオルスの竪琴　1822年		
・シマノフスカ夫人に寄す　1823年8月16・17・18日		
・マリーエンバードの賦　1823年9月5日	昭和28年3月	編者　千谷七郎　諏訪紀夫
(2)マリーエンバードの三部曲の参考文書独文と和訳	昭和27年11月	発行者杉本一六
単行本『ゲーテ「マリーエンバード三部曲」の参考文書』(独文)	昭和28年3月	編者　千谷七郎　発行者杉本一六
単行本『ゲーテ「マリーエンバード三部　曲」参考文書和訳』		

(三) 座談(録音テープ、DVD所収)1964年(昭39)2月~1965年(昭40)4月

あとがき

ここに、平成二十七年（２０１５）秋以来、この数年は世界中を震撼させた新型コロナ・ヴィールス（ＣＯＶＩＤ 19）によって作業の停滞を余儀なくされましたが、約八年の歳月を経て『釈迦仏陀本紀』（昭和二十五年刊行）の復刻版を上梓する運びとなりました。

『釈迦仏陀本紀』とは、著者富永半次郎先生が昭和二十五年（１９５０）三月十四日から同年五月四日にかけて、パーリ語『Mahā Parinibbāna Suttanta』（大般涅槃経）を根本資料として執筆されたもので、釈迦最晩年の約一か年に及ぶ行脚と、その間における釈迦自身の精神的推移に加えて、入滅の三か月前チャーパーラ・チャイチャにおける人類史上前代未聞の心の変化を解き明かす人間釈迦の伝記です。

元来「本紀」なる語は、中国における本格的歴史書である司馬遷著『史記』の中の「五帝本紀第一」から前漢「孝武帝（通称武帝）本紀第十二」に至る歴代帝王の出生から政治的事跡を記すのに使用された語です。本書のタイトルに使われたのは、中国の「史記」を踏まえて、仏教の開祖釈迦仏陀の最も重要な精神的内容に立ち入って、いわば人間としての真の心の事跡を記す意図が込められていると思われます。

現代においても仏祖釈迦の歴史的存在と意義について疑いを入れる者はありませんが、釈迦の Buddha

たる所以、即ち「目覚めた内容」やその精神的事実（真実）が、如何なるものであるかについては、伝統的に神秘的に扱われたり、人間救済のための信仰の対象とはなっても、人間の事実としての釈迦が問題にされ、または学問的な探求の対象となることは少なかったと云わねばなりません。また、近代以降、欧米の学者によってサンスクリット・パーリ語の経典の言語的研究が進んだことは事実ですが、語義の正確さに拘泥するあまり、結果的には従来の仏教思想史とあまり変わらないものとなっているように思われてなりません。このような観点からも、本書が仏祖入滅後二千四百年の仏教の伝統に一石を投ずることを期待して止みません。

ところで、本書を初めて手にされる方は、本文の各章（鷂峯、アンバパーリー苑など）の切れ目に記された俳句に注目され、何故ここに俳句がと疑念を持たれる方も少なくないのではと思われます。もっとも本書において著者の記すところによれば、『本紀』執筆中、「……涅槃経の伝へる紀行の時季と期間を検べてゐる内に……、季節に関する興味からつい俳句を書き入れたのです……」（「はしがき」九頁）と述べられてはいますが、その俳句は単に季節に関する興味だけのものではなく、最後の行脚途上における釈迦その人の精神的内実と深い関わりをもつものと考えられます。

例えば、クシナーラーでの釋迦入滅の場面は、

有明の空にまかひぬおほろ月

なる俳句で締めくくられていますが、この句は『源氏物語』の「花宴巻八」の和歌、

世に知らぬ心地こそすれ有明の月のゆくへを空にまがへて

との関連が十分考えられるところです。

「花宴」のあけた後の暗闇の中で偶然の出会いとはいえ、いかなる人物かもしかとわからぬ中に別れ別れとなった源氏の君の情景をふまえながら、時空を超えて沙羅双樹における釈迦入滅の事態を象徴的に描いたものとの推察は可能でしょう。入滅の場に居合わせた弟子たちにとって、恩師釈迦はあたかも有明けの空に紛れるように消えて行ったおぼろ月に映ったのでは、という著者の仏教史に対する厳しい批判が看取できるかと思われます。

クシナーラー臨終の場面に続く「奥書」の掉尾は、著者による俳句ではなく、江戸の俳人其角の俳句で締めくくってあります。この句は、其角自撰の句集『いつを昔』（元禄三年、一六九〇）の中に収められてありますが、句集全体の背後に漂う元禄初期の俳風を、そして何よりも句の前書きに見える其角（三〇歳）自身の俳諧に対する新進気鋭の気概を「鷲のお山の跡を尋ん」に表わして、仏祖釈迦に思いを寄せています。かつ、我が国の和歌のテキストともいうべき『古今和歌集』の古歌をベースに（一種の本歌どり）して、これに「新月や……」の語を添えることによって「昔のをとこ山」を換骨奪胎、さらに「いつを昔」と重ねて、釈迦仏陀其の人に迫らんとする心を「俳諧」とした其角に、単なる元禄期の一俳人とし

てではなく、遠く遡って仏祖釈迦の人間的心境に通じるものを、著者が感得していた証左と言えるかと思います。本書に記された本文や俳句に時空を超えた深い奥行を感じ取られるのではと思われます。

末筆とはなりましたが、遅々とした編集作業にご協力をいただいた月養会会員の諸氏をはじめ、編集のみならず当初から刊行に向けて応援してくださった「うぶすな書院」の塚本庸夫氏、実際の製本作業を幾度も繰り返してご尽力いただいた断腸庵の荒重夫氏に心より謝意を表するものであります。そして、本書復刻編集の中核となり、当初から多くの有意義なる助言をいただいた桐弘史郎さん（２０１６年没）、古田清司さん（２０２２年没）が本書完成を前に故人となられました。関係者一同心よりご両名のご冥福をお祈り申し上げます。

今、完成した『本紀』（新刊）を目の前にして胸中に浮かぶ言葉は、ゲーテ『ファウスト』の最終詩行の一節（冨永先生訳）です。

…………

かけてしも思はぬことの
　ここに起き
ことはにも筆にも堪へぬこと
　ここになる

…………

縁あって『釈迦仏陀本紀』を手にされ、憤悱啓発の機となられる方々と共に釈尊の体験実証（體驗實證）を期して微力を尽くすことを念願するところです。

令和六年二月三日

編集者一同

代表加瀬晴康

昭和二十五年十一月十日　印刷
昭和二十五年十一月十五日　刊行

四百五拾部限定印刷　非賣品

編者　大野達之助
千谷七郎
諏訪紀夫
安川定男
風間敏雄

發刊者　杉本一六
浦和市大谷場一三〇
合資會社　文久社

印刷人　齋藤倘道
文京區久堅町五八　電話小石川(58)三七六八番

釋迦佛陀本紀

昭和二十五年十一月十五日　初版發行
令和六年二月三日　復刻第一刷發行

著　者　冨永半次郎
編　者　古田清司（故人）
　　　　桐弘史郎（故人）
　　　　桐いと子　柳　正巳
　　　　塚本庸夫　伊田耕三
　　　　北原和茂　法師人和弘
　　　　加瀬恭子
編者代表　加瀬晴康
發行者　塚本庸夫
發行所　株式会社うぶすな書院

東京都練馬区中村北3－10－6－1001
電話・Fax（03）5848－3808

定価　2,400円＋税
ISBN 978-4-90047-033-0
Printed in Japan

制　作　　荒　重夫